IMMANUEL KANT

ZUM EWIGEN FRIEDEN
WAS IST AUFKLÄRUNG?
IDEE ZU EINER ALLGEMEINEN GESCHICHTE
IN WELTBÜRGERLICHER ABSICHT

Immanuel Kant, 1791
Gemälde von Gottlieb Doebler

IMMANUEL KANT

ZUM EWIGEN FRIEDEN

―

WAS IST AUFKLÄRUNG?

―

IDEE ZU EINER ALLGEMEINEN GESCHICHTE IN WELTBÜRGERLICHER ABSICHT

BOER

Der Text des vorliegenden Neusatzes von »Zum ewigen Frieden« folgt der zweiten Auflage Königsberg 1796; der Text von »Beantwortung der Frage: Was ist Aufklärung?« folgt der Ausgabe von 1783, erschienen in der *Berlinischen Monatsschrift*; der Text von »Idee zu einer allgemeinen Geschichte in weltbürgerlicher Absicht« folgt der Ausgabe von 1784, ebenfalls erschienen in der *Berlinischen Monatsschrift*. Die Orthographie wurde behutsam entsprechenden der Regeln der alten deutschen Rechtschreibung modernisiert. Lateinischer Text wurde *kursiv* gesetzt.

© 2018 Boer Verlag
Gesamtherstellung: Boer Verlagsservice, Grafrath
ISBN 978-3-946619-74-1
www.boerverlag.de

Inhalt

Zum ewigen Frieden
Ein philosophischer Entwurf
7

Beantwortung der Frage:
Was ist Aufklärung?
67

Idee zu einer allgemeinen Geschichte
in weltbürgerlicher Absicht
79

Zum ewigen Frieden

Ein philosophischer Entwurf

Ob diese satyrische Überschrift auf dem Schilde jenes holländischen Gastwirts, worauf ein Kirchhof gemalt war, die Menschen überhaupt, oder besonders die Staatsoberhäupter, die des Krieges nie satt werden können, oder wohl gar nur die Philosophen gelte, die jenen süßen Traum träumen, mag dahin gestellt sein. Das bedingt sich aber der Verfasser des Gegenwärtigen aus, daß, da der praktische Politiker mit dem theoretischen auf dem Fuß steht, mit großer Selbstgefälligkeit auf ihn als einen Schulweisen herabzusehen, der dem Staat, welcher von Erfahrungsgrundsätzen ausgehen müsse, mit seinen sachleeren Ideen keine Gefahr bringe, und den man immer seine elf Kegel auf einmal werfen lassen kann, ohne, daß sich der weltkundige Staatsmann daran kehren darf, dieser auch, im Fall eines Streits mit jenem sofern konsequent verfahren müsse, hinter seinen auf gut Glück gewagten, und öffentlich geäußerten Meinungen nicht Gefahr für den Staat zu wittern; – durch welche clausula salvatoria der Verfasser dieses sich dann hiemit in der besten Form wider alle bösliche Auslegung ausdrücklich verwahrt wissen will.

Erster Abschnitt,
welcher die Präliminarartikel zum ewigen Frieden unter Staaten enthält.

1. »Es soll kein Friedensschluß für einen solchen gelten, der mit dem geheimen Vorbehalt des Stoffs zu einem künftigen Kriege gemacht worden.«

Denn alsdenn wäre er ja ein bloßer Waffenstillstand, Aufschub der Feindseligkeiten, nicht Friede, der das Ende aller Hostilitäten bedeutet, und dem das Beiwort ewig anzuhängen ein schon verdächtiger Pleonasm ist. Die vorhandene, obgleich jetzt vielleicht den Pacisciierenden selbst noch nicht bekannte, Ursachen zum künftigen Kriege sind durch den Friedensschluß insgesammt vernichtet, sie mögen auch aus archivarischen Dokumenten mit noch so scharfsichtiger Ausspähungsgeschicklichkeit ausgeklaubt sein. – Der Vorbehalt (*reseruatio mentalis*) alter allererst künftig auszudenkender Prätensionen, deren kein Teil für jetzt Erwähnung tun mag, weil beide zu sehr erschöpft sind, den Krieg fortzusetzen, bei dem bösen Willen, die erste günstige Gelegenheit zu diesem Zweck zu benutzen, gehört zur Jesuitenkasuistik, und ist unter der Würde der Regenten, so wie die Willfährigkeit zu dergleichen Deduktionen unter der Würde eines Ministers desselben, wenn man die Sache, wie sie an sich selbst ist beurteilt. –

Wenn aber, nach aufgeklärten Begriffen der Staatsklugheit, in beständiger Vergrößerung der Macht, durch welche Mittel es auch sei, die wahre Ehre des Staats gesetzt wird, so fällt freilich jenes Urteil als schulmäßig und pedantisch in die Augen.

2. »Es soll kein für sich bestehender Staat (klein oder groß, das gilt hier gleichviel) von einem andern Staate durch Erbung, Tausch, Kauf oder Schenkung, erworben werden können.«

Ein Staat ist nämlich nicht (wie etwa der Boden, auf dem er seinen Sitz hat) eine Haabe (*patrimonium*). Er ist eine Gesellschaft von Menschen, über die Niemand anders, als er selbst, zu gebieten und zu disponieren hat. Ihn aber, der selbst als Stamm seine eigene Wurzel hatte, als Pfropfreis einem andern Staate einzuverleiben, heißt seine Existenz, als einer moralischen Person, aufheben, und aus der letzteren eine Sache machen, und widerspricht also der Idee des ursprünglichen Vertrags, ohne die sich kein Recht über ein Volk denken läßt[1]. In welche Gefahr das Vorurteil dieser Erwerbungsart Europa, denn die andern Weltteile haben nie davon gewußt, in unsern bis auf die neuesten Zeiten gebracht habe, daß sich nämlich auch Staaten einander heurathen könnten, ist jedermann bekannt, teils als eine neue Art von Industrie, sich auch ohne Aufwand von Kräften durch Familienbündnisse übermächtig zu machen, teils auch auf solche Art den Länderbesitz zu erweitern. – Auch die Verdingung der Truppen eines Staats an einen andern, gegen einen nicht gemeinschaftlichen Feind, ist dahin zu zählen; denn die Untertanen werden dabei als nach Belieben zu handhabende Sachen gebraucht und verbraucht.

---

[1] Ein Erbreich ist nicht ein Staat, der von einem andern Staate, sondern dessen Recht zu regieren an eine andere physische Person vererbt werden kann. Der Staat erwirbt alsdann einen Regenten, nicht dieser als ein solcher (d. i. der schon ein anderes Reich besitzt) den Staat.

3. »Stehende Heere (*miles perpetuus*) sollen mit der Zeit ganz aufhören.«

Denn sie bedrohen andere Staaten unaufhörlich mit Krieg, durch die Bereitschaft, immer dazu gerüstet zu erscheinen; reitzen diese an, sich einander in Menge der gerüsteten, die keine Grenzen kennt, zu übertreffen, und, indem durch die darauf verwandten Kosten der Friede endlich noch drückender wird als ein kurzer Krieg, so sind sie selbst Ursache von Angriffskriegen, um diese Last loszuwerden; wozu kommt, daß zum Töten, oder getödtet zu werden in Sold genommen zu sein, einen Gebrauch von Menschen als bloßen Maschinen und Werkzeugen in der Hand eines Andern (des Staats) zu enthalten scheint, der sich nicht wohl mit dem Rechte der Menschheit in unserer eigenen Person vereinigen läßt. Ganz anders ist es mit der freiwilligen periodisch vorgenommenen Übung der Staatsbürger in Waffen bewandt, sich und ihr Vaterland dadurch gegen Angriffe von außen zu sichern. – Mit der Anhäufung eines Schatzes würde es eben so gehen, daß er, von andern Staaten als Bedrohung mit Krieg angesehen, zu zuvorkommenden Angriffen nötigte (weil unter den drei Mächten, der Heeresmacht, der Bundesmacht und der Geldmacht, die letztere wohl das zuverläßigste Kriegswerkzeug sein dürfte; wenn nicht die Schwierigkeit, die Größe desselben zu erforschen, dem entgegenstände).

4. »Es sollen keine Staatsschulden in Beziehung auf äußere Staatshändel gemacht werden.«

Zum Behuf der Landesökonomie (der Wegebesserung, neuer Ansiedelungen, Anschaffung der Magazine für besorgliche Mißwachsjahre u. s. w.), außerhalb oder innerhalb dem Staate

Hülfe zu suchen, ist diese Hülfsquelle unverdächtig. Aber, als entgegenwirkende Maschine der Mächte gegen einander, ist ein Creditsystem ins Unabsehliche anwachsender und doch immer für die gegenwärtige Forderung (weil sie doch nicht von allen Gläubigern auf einmal geschehen wird) gesicherter Schulden, – die sinnreiche Erfindung eines handeltreibenden Volks in diesem Jahrhundert –, eine gefährliche Geldmacht, nämlich ein Schatz zum Kriegführen, der die Schätze aller andern Staaten zusammengenommen übertrifft, und nur durch den einmal bevorstehenden Ausfall der Taxen (der doch auch durch die Belebung des Verkehrs, vermittelst der Rückwirkung auf Industrie und Erwerb, noch lange hingehalten wird) erschöpft werden kann. Diese Leichtigkeit Krieg zu führen, mit der Neigung der Machthabenden dazu, welche der menschlichen Natur eingeartet zu sein scheint, verbunden, ist also ein großes Hinderniß des ewigen Friedens, welches zu verbieten um desto mehr ein Präliminarartikel desselben sein müsste, weil der endlich doch unvermeidliche Staatsbankerott manche andere Staaten unverschuldet in den Schaden mit verwickeln muß, welches eine öffentliche Läsion der letzteren sein würde. Mithin sind wenigstens andere Staaten berechtigt, sich gegen einen solchen und dessen Anmaßungen zu verbünden.

5. »Kein Staat soll sich in die Verfassung und Regierung eines andern Staats gewalttätig einmischen.«

Denn was kann ihn dazu berechtigen? Etwa das Skandal, was er den Untertanen eines andern Staats gibt? Es kann dieser vielmehr, durch das Beispiel der grossen Übel, die sich ein Volk durch seine Gesetzlosigkeit zugezogen hat, zur Warnung dienen; und überhaupt ist das böse Beispiel, was eine freie Person der andern gibt, (als *scandalum acceptum*) keine Läsion derselben. – Dahin würde zwar nicht zu ziehen sein, wenn ein Staat sich durch innere Veruneinigung in zwei Teile spaltete, deren jeder für sich einen besondern Staat vorstellt, der auf das Ganze Anspruch macht; wo einem derselben Beistand zu leisten einem äußern Staat nicht für Einmischung in die Verfassung des andern (denn es ist alsdann Anarchie) angerechnet werden könnte. So lange aber dieser innere Streit noch nicht entschieden ist, würde diese Einmischung äußerer Mächte Verletzung der Rechte eines nur mit seiner innern Krankheit ringenden, von keinem andern abhängigen Volks, selbst also ein gegebenes Skandal sein, und die Autonomie aller Staaten unsicher machen.

6. »Es soll sich kein Staat im Kriege mit einem andern solche Feindseligkeiten erlauben, welche das wechselseitige Zutrauen im künftigen Frieden unmöglich machen müssen: als da sind, Anstellung der Meuchelmörder (*percussores*), Giftmischer (*venefici*), Brechung der Kapitulation, Anstiftung des Verraths (*perduellio*), in dem bekriegten Staat etc.«

Das sind ehrlose Stratagemen. Denn irgend ein Vertrauen auf die Denkungsart des Feindes muß mitten im Kriege noch übrig bleiben, weil sonst auch kein Friede abgeschlossen werden könnte, und die Feindseligkeit in einen Ausrottungskrieg (*bellum internecinum*) ausschlagen würde; da der Krieg doch nur das traurige Notmittel im Naturzustande ist, (wo kein Gerichtshof vorhanden ist, der rechtskräftig urteilen könnte) durch Gewalt sein Recht zu behaupten; wo keiner von beiden Teilen für einen ungerechten Feind erklärt werden kann (weil das schon einen Richterausspruch voraussetzt), sondern der Ausschlag desselben (gleich als vor einem so genannten Gottesgerichte) entscheidet, auf wessen Seite das Recht ist; zwischen Staaten aber sich kein Bestrafungskrieg (*bellum punitiuum*) denken läßt (weil zwischen ihnen kein Verhältniß eines Obern zu einem Untergebenen statt findet). – Woraus denn folgt: daß ein Ausrottungskrieg, wo die Vertilgung beide Teile zugleich, und mit dieser auch alles Rechts treffen kann, den ewigen Frieden nur auf dem großen Kirchhofe der Menschengattung statt finden lassen würde. Ein solcher Krieg also, mithin auch der Gebrauch der Mittel, die dahin führen, muß schlechterdings unerlaubt sein. – Daß aber die genannte Mittel unvermeidlich dahin führen, erhellet daraus: daß jene höllische Künste, da sie an sich selbst niederträchtig sind, wenn sie in Gebrauch gekommen, sich nicht lange innerhalb der Grenze des Krieges halten, wie etwa der Gebrauch der Spione (*uti exploratoribus*), wo nur die Ehrlosigkeit anderer (die nun einmal nicht ausgerottet werden kann) benutzt wird, sondern auch in den Friedenszustand übergehen, und so die Absicht desselben gänzlich vernichten würden.

* * *

Obgleich die angeführte Gesetze objektiv, d.i. in der Intention der Machthabenden, lauter Verbotgesetze (*leges prohibitivae*) sind, so sind doch einige derselben von der strengen, ohne Unterschied der Umstände geltenden Art (*leges strictae*), die sofort auf Abschaffung dringen (wie Nr. 1, 5, 6), andere aber (wie Nr. 2, 3, 4), die zwar nicht als Ausnahmen von der Rechtsregel, aber doch in Rücksicht auf die Ausübung derselben, durch die Umstände, subjektiv für die Befugniß erweiternd (*leges latae*), und Erlaubnisse enthalten, die Vollführung aufzuschieben, ohne doch den Zweck aus den Augen zu verlieren, der diesen Aufschub, z. B. der Wiedererstattung der gewissen Staaten, nach Nr. 2, entzogenen Freiheit, nicht auf den Nimmertag (wie August zu versprechen pflegte, *ad calen-*

das graecas) auszusetzen, mithin die Nichterstattung, sondern nur, damit sie nicht übereilt und so der Absicht selbst zuwider geschehe, die Verzögerung erlaubt. Denn das Verbot betrifft hier nur die **Erwerbungsart**, die fernerhin nicht gelten soll, aber nicht den **Besitzstand**, der, ob er zwar nicht den erforderlichen Rechtstitel hat, doch zu seiner Zeit (der putativen Erwerbung), nach der damaligen öffentlichen Meinung, von allen Staaten für rechtmäßig gehalten wurde[1].

---

[1] Ob es außer dem Gebot (*leges praeceptivae*), und Verbot (*leges prohibitivae*) noch **Erlaubnisgesetze** (*leges permissivae*) der reinen Vernunft geben könne, ist bisher nicht ohne Grund bezweifelt worden. Denn Gesetze überhaupt enthalten einen Grund objektiver praktischer Notwendigkeit, Erlaubnis aber einen der praktischen Zufälligkeit gewisser Handlungen; mithin würde ein **Erlaubnisgesetz** Nötigung zu einer Handlung, zu dem, wozu jemand nicht genötigt werden kann, enthalten, welches, wenn das Objekt des Gesetzes in beiderlei Beziehung einerlei Bedeutung hätte, ein Widerspruch sein würde. – Nun geht aber hier im Erlaubnisgesetze das vorausgesetzte Verbot nur auf die künftige Erwerbungsart eines Rechts (z. B. durch Erbschaft), die Befreiung aber von diesem Verbot, d. i. die Erlaubnis, auf den gegenwärtigen Besitzstand, welcher letztere, im Überschritt aus dem Naturzustände in den bürgerlichen, als ein, obwohl unrechtmäßiger, dennoch **ehrlicher, Besitz** (*possessio putativa*) nach einem Erlaubnisgesetz des Naturrechts noch fernerhin fortdauern kann, obgleich ein putativer Besitz, so bald er als ein solcher erkannt worden, im Naturzustände, imgleichen eine ähnliche Erwerbungsart im nachmaligen bürgerlichen (nach geschehenem Überschritt) verboten ist, welche Befugnis des fortdaurenden Besitzes nicht statt finden würde, wenn eine solche vermeintliche Erwerbung im bürgerlichen Zustande geschehen wäre; denn da würde er, als Läsion, sofort nach Entdeckung seiner Unrechtmäßigkeit aufhören müssen.

Ich habe hiemit nur beiläufig die Lehrer des Naturrechts auf den Begriff einer *lex permissiva*, welcher sich einer systematisch-einteilenden Vernunft von selbst darbietet, aufmerksam machen wollen; vornehmlich, da im Zivilgesetze (statuarischen) öfters davon Gebrauch gemacht wird, nur mit dem Unterschiede, daß das Verbotgesetz für sich allein dasteht, die Erlaubnis aber nicht als einschränkende Bedingung (wie es sollte) in jenes Gesetz mit hineingebracht, sondern unter die Ausnahmen geworfen wird. – Da heißt es dann: dies oder jenes wird verboten: **es sei denn Nr. 1, Nr. 2, Nr. 3**, und so weiter ins Unabsehliche, die Erlaubnisse nur zufälliger Weise, nicht nach einem Prinzip, sondern durch Herumtappen unter vorkommenden Fällen, zum Gesetz hinzukommen; denn sonst hätten die Bedingungen **in die Formel des Verbotsgesetzes** mit hineingebracht werden müssen, wodurch es dann zugleich ein Erlaubnisgesetz geworden wäre. – Es ist daher zu bedau-

Zweiter Abschnitt, welcher die Definitivartikel zum ewigen Frieden unter Staaten enthält.

Der Friedenszustand unter Menschen, die neben einander leben, ist kein Naturstand (status naturalis), der vielmehr ein Zustand des Krieges ist, d. i. wenn gleich nicht immer ein Ausbruch der Feindseligkeiten, doch immerwährende Bedrohung mit denselben. Er muß also gestiftet werden; denn die Unterlassung der letzteren ist noch nicht Sicherheit dafür, und, ohne daß sie einem Nachbar von dem andern geleistet wird (welches aber nur in einem gesetzlichen Zustande geschehen kann), kann jener diesen, welchen er dazu aufgefordert hat, als einen Feind behandeln[1].

---

ern, daß die sinnreiche, aber unaufgelöst gebliebene, Preisaufgabe des eben so weisen als scharfsinnigen Herrn Grafen von Windischgrätz, welche gerade auf das letztere drang, sobald verlassen worden. Denn die Möglichkeit einer solchen (der mathematischen ähnlichen) Formel ist der einzige echte Probierstein einer konsequent bleibenden Gesetzgebung, ohne welche das so genannte ius certum immer ein frommer Wunsch bleiben wird. – Sonst wird man bloß generale Gesetze (die im allgemeinen gelten), aber keine universale (die allgemein gelten) haben, wie es doch der Begriff eines Gesetzes zu erfordern scheint.

[1] Gemeiniglich nimmt man an, daß man gegen niemand feindlich verfahren dürfe, als nur, wenn er mich schon tätig lädiert hat, und das ist auch ganz richtig, wenn beide im bürgerlich-gesetzlichen Zustande sind. Denn dadurch, daß dieser in denselben getreten ist, leistet er jenem (vermittelst der Obrigkeit, welche über beide Gewalt hat) die erforderliche Sicherheit. – Der Mensch aber (oder das Volk) im bloßen Naturstande benimmt mir diese Sicherheit, und lädiert mich schon durch eben diesen Zustand, indem er neben mir ist, obgleich nicht tätig (facto), doch durch die Gesetzlosigkeit seines Zustandes (statu iniusto), wodurch ich beständig von ihm bedroht werde, und ich kann ihn nötigen, entweder mit mir in einen gemeinschaftlich-gesetzlichen Zustand zu treten, oder aus meiner Nachbarschaft zu weichen. – Das Postulat also, was allen folgenden Artikeln zum Grunde liegt, ist: Alle Menschen, die auf einander wechselseitig einfließen können, müssen zu irgend einer bürgerlichen Verfassung gehören.

ERSTER DEFINITIVARTIKEL ZUM EWIGEN FRIEDEN

Die bürgerliche Verfassung in jedem Staat soll republikanisch sein.

Die erstlich nach Prinzipien der Freiheit der Glieder einer Gesellschaft (als Menschen); zweitens nach Grundsätzen der Abhängigkeit aller von einer einzigen gemeinsamen Gesetzgebung (als Untertanen); und drittens, die nach dem Gesetz der Gleichheit derselben (als Staatsbürger) gestiftete Verfassung – die einzige, welche aus der Idee des ursprünglichen Vertrags hervorgeht, auf der alle rechtliche Gesetzgebung eines Volks gegründet sein muß – ist die republikanische[1]. Diese

---

Alle rechtliche Verfassung aber ist, was die Personen betrifft, die darin stehen,
1) die nach dem Staatsbürgerrecht der Menschen, in einem Volke (*ius civitatis*),
2) nach dem Völkerrecht der Staaten in Verhältnis gegen einander (*ius gentium*),
3) die nach dem Weltbürgerrecht, so fern Menschen und Staaten, in äußerem auf einander einfließendem Verhältnis stehend, als Bürger eines allgemeinen Menschenstaats anzusehen sind (*ius cosmopoliticum*). Diese Einteilung ist nicht willkürlich, sondern notwendig in Beziehung auf die Idee vom ewigen Frieden. Denn wenn nur einer von diesen im Verhältnisse des physischen Einflusses auf den andern, und doch im Naturstande wäre, so würde damit der Zustand des Krieges verbunden sein, von dem befreit zu werden hier eben die Absicht ist.

[1] Rechtliche (mithin äußere) Freiheit kann nicht, wie man wohl zu tun pflegt, durch die Befugnis definiert werden: »alles zu tun, was man will, wenn man nur keinem Unrecht tut«. Denn was heißt Befugnis? Die Möglichkeit einer Handlung, so fern man dadurch keinem Unrecht tut. Also würde die Erklärung so lauten: »*Freiheit ist die Möglichkeit der Handlungen, dadurch man keinem Unrecht tut*. Man tut keinem Unrecht (man mag auch tun was man will), wenn man nur keinem Unrecht tut«: folglich ist es leere Tautologie. – Vielmehr ist meine äußere (rechtliche) Freiheit so zu erklären: sie ist die Befugnis, keinen äußeren Gesetzen zu gehorchen, als zu denen ich meine Beistimmung habe geben können. – Eben so ist äußere (rechtliche) Gleichheit in einem Staate dasjenige Verhältnis der Staatsbürger, nach welchem keiner den andern wozu rechtlich verbinden kann, ohne daß er sich zugleich dem Gesetz unterwirft, von diesem wechselseitig auf dieselbe Art auch verbunden

ist also, was das Recht betrifft, an sich selbst diejenige, welche allen Arten der bürgerlichen Constitution ursprünglich zum Grunde liegt; und nun ist nur die Frage: ob sie auch die einzige ist, die zum ewigen Frieden hinführen kann?

Nun hat aber die republikanische Verfassung, außer der Lauterkeit ihres Ursprungs, aus dem reinen Quell des Rechtsbegriffs entsprungen zu sein, noch die Aussicht in die gewünschte

---

werden zu können. (Vom Prinzip der rechtlichen Abhängigkeit, da dieses schon in dem Begriffe einer Staatsverfassung überhaupt liegt, bedarf es keiner Erklärung.) – Die Gültigkeit dieser angebornen, zur Menschheit notwendig gehörenden und unveräußerlichen Rechte wird durch das Prinzip der rechtlichen Verhältnisse des Menschen selbst zu höheren Wesen (wenn er sich solche denkt) bestätigt und erhoben, indem er sich nach eben denselben Grundsätzen auch als Staatsbürger einer übersinnlichen Welt vorstellt. – Denn, was meine Freiheit betrifft, so habe ich, selbst in Ansehung der göttlichen, von mir durch bloße Vernunft erkennbaren Gesetze, keine Verbindlichkeit, als nur so fern ich dazu selber habe meine Beistimmung geben können (denn durchs Freiheitsgesetz meiner eigenen Vernunft mache ich mir allererst einen Begriff vom göttlichen Willen). Was in Ansehung des erhabensten Weltwesens außer Gott, welches ich mir etwa denken möchte (einen großen Äon), das Prinzip der Gleichheit betrifft, so ist kein Grund da, warum ich, wenn ich in meinem Posten meine Pflicht tue, wie jener Äon es in dem seinigen, mir bloß die Pflicht zu gehorchen, jenem aber das Recht zu befehlen zukommen solle. – Daß dieses Prinzip der Gleichheit nicht (so wie das der Freiheit) auch auf das Verhältnis zu Gott paßt, davon ist der Grund dieser, weil dieses Wesen das einzige ist, bei dem der Pflichtbegriff aufhört.

Was aber das Recht der Gleichheit aller Staatsbürger, als Untertanen, betrifft, so kommt es in Beantwortung der Frage von der Zulässigkeit des Erbadels allein darauf an: »ob der vom Staat zugestandene Rang (eines Untertans vor dem andern) vor dem Verdienst, oder dieses vor jenem vorhergehen müsse«. – Nun ist offenbar: daß, wenn der Rang mit der Geburt verbunden wird, es ganz ungewiß ist, ob das Verdienst (Amtsgeschicklichkeit und Amtstreue) auch folgen werde; mithin ist es eben so viel, als ob er ohne alles Verdienst dem Begünstigten zugestanden würde (Befehlshaber zu sein); welches der allgemeine Volkswille in einem ursprünglichen Vertrage (der doch das Prinzip aller Rechte ist) nie beschließen wird. Denn ein Edelmann ist darum nicht so fort ein edler Mann. – Was den Amtsadel (wie man den Rang einer höheren Magistratur nennen könnte, und den man sich durch Verdienste erwerben muß) betrifft, so klebt der Rang da nicht, als Eigentum, an der Person, sondern am Posten, und die Gleichheit wird dadurch nicht verletzt; weil, wenn jene ihr Amt niederlegt, sie zugleich den Rang ablegt, und unter das Volk zurücktritt. –

Folge, nämlich den ewigen Frieden; wovon der Grund dieser ist. – Wenn (wie es in dieser Verfassung nicht anders sein kann) die Beistimmung der Staatsbürger dazu erfordert wird, um zu beschließen, »ob Krieg sein solle oder nicht«, so ist nichts natürlicher, als daß, da sie alle Drangsale des Krieges über sich selbst beschließen müßten (als da sind: selbst zu fechten; die Kosten des Krieges aus ihrer eigenen Haabe herzugeben; die Verwüstung, die er hinter sich läßt, kümmerlich zu verbessern; zum Übermaße des Übels endlich noch eine, den Frieden selbst verbitternde, nie (wegen naher immer neuer Kriege) zu tilgende Schuldenlast selbst zu übernehmen), sie sich sehr bedenken werden, ein so schlimmes Spiel anzufangen: Da hingegen in einer Verfassung, wo der Untertan nicht Staatsbürger, die also nicht republikanisch ist, es die unbedenklichste Sache von der Welt ist, weil das Oberhaupt nicht Staatsgenosse, sondern Staatseigenthümer ist, an seinen Tafeln, Jagden, Lustschlössern, Hoffesten u. d. gl. durch den Krieg nicht das Mindeste einbüßt, diesen also wie eine Art von Lustparthie aus unbedeutenden Ursachen beschließen, und der Anständigkeit wegen dem dazu allezeit fertigen diplomatischen Corps die Rechtfertigung desselben gleichgültig überlassen kann.

* * *

Damit man die republikanische Verfassung nicht (wie gemeiniglich geschieht) mit der demokratischen verwechsele, muß Folgendes bemerkt werden. Die Formen eines Staats (*civitas*) können entweder nach dem Unterschiede der Personen, welche die oberste Staatsgewalt inne haben, oder nach der Regierungsart des Volke durch sein Oberhaupt, er mag sein welcher er wolle, eingeteilt werden; die erste heißt eigentlich die Form der Beherrschung (*forma imperii*), und es sind nur drei derselben möglich, wo nämlich entweder nur Einer, oder Einige unter sich verbunden, oder Alle zusammen, welche die bürgerliche Gesellschaft ausmachen, die Herrschergewalt besitzen (Autokratie, Aristokratie und Demokratie, Fürstengewalt, Adelsgewalt und Volksgewalt). Die zweite ist die Form der Regierung (*forma regiminis*), und betrifft die, auf die Constitution (den Akt des allgemeinen Willens, wodurch die Menge ein Volk wird) gegründete Art, wie der Staat von seiner Machtvollkommenheit Gebrauch macht: und ist in dieser Beziehung entweder republikanisch oder despotisch. Der Republikanism ist das Staatsprinzip der Absonderung der ausführenden Gewalt (der Regierung) von der Gesetzgebenden; der Despotism ist das der eigenmächtigen Vollziehung des Staats von Gesetzen, die er selbst gegeben hat, mithin der öffentliche Wille, sofern er von dem Regenten als sein Privatwille gehandhabt wird. – Unter den drei Staatsformen ist die der Demokratie, im eigentlichen Verstande des Worts, notwendig ein Despotism, weil sie eine exekutive Gewalt gründet, da alle über und allenfalls auch wider Einen (der also nicht mit einstimmt), mithin Alle, die doch nicht Alle sind, beschließen; welches ein Widerspruch des allgemeinen Willens mit sich selbst und mit der Freiheit ist.

Alle Regierungsform nämlich, die nicht repräsentativ ist, ist eigentlich eine Unform, weil der Gesetzgeber in einer und derselben Person zugleich Vollstrecker seines Willens (so wenig, wie das Allgemeine des Obersatzes in einem Vernunftschlusse zugleich die Subsumtion des Besondern unter jenem im Untersatze) sein kann, und, wenn gleich die zwei andern Staatsverfassungen so fern immer fehlerhaft sind, daß sie einer solchen Regierungsart Raum geben, so ist es bei ihnen doch wenigstens möglich, daß sie eine dem Geiste eines repräsentativen Systems gemäße Regierungsart annähmen, wie etwa Friedrich II. wenigstens sagte: er sei bloß der oberste Diener des Staats[1], da hingegen die demokratische es unmöglich macht, weil Alles da Herr sein will. – Man kann daher sagen: je kleiner das Personale der Staatsgewalt (die Zahl der Herrscher), je größer dagegen die Repräsentation derselben, desto mehr stimmt die Staatsverfassung zur Möglichkeit des Republikanism, und sie kann hoffen, durch allmähliche Reformen sich dazu endlich zu erheben. Aus diesem Grunde ist es in der Aristokratie schon schwerer, als in der Monarchie, in der Demokratie aber unmöglich anders, als durch gewaltsame Revolution zu dieser einzigen vollkommen rechtlichen Verfassung zu gelangen. Es ist aber an der Regierungsart[2] dem Volk ohne alle Vergleichung mehr gelegen, als an der Staatsform (wiewohl auch auf dieser ihre mehrere oder mindere Angemessenheit zu jenem Zwecke sehr viel ankommt). Zu jener aber, wenn sie dem Rechtsbegriffe

---

[1] Man hat die hohen Benennungen, die einem Beherrscher oft beigelegt werden (die eines göttlichen Gesalbten, eines Verwesers des göttlichen Willens auf Erden und Stellvertreters desselben), als grobe, schwindlig machende Schmeicheleien oft getadelt; aber mich dünkt, ohne Grund. – Weit gefehlt, daß sie den Landesherrn sollten hochmütig machen, so müssen sie ihn vielmehr in seiner Seele demütigen, wenn er Verstand hat (welches man doch voraussetzen muß), und es bedenkt, daß er ein Amt übernommen habe, was für einen Menschen zu groß ist, nämlich das Heiligste, was Gott auf Erden hat, das Recht der Menschen zu verwalten, und diesem Augapfel Gottes irgend worin zu nahe getreten zu sein jederzeit in Besorgnis stehen muß.

[2] Mailet du Pan rühmt in seiner genietönenden, aber hohlen und sachleeren Sprache: nach vieljähriger Erfahrung endlich zur Überzeugung von der Wahrheit des bekannten Spruchs des Pope gelangt zu sein: »laß über die beste Regierung Narren streiten; die bestgeführte ist die beste«. Wenn das soviel sagen soll: die am besten geführte Regierung ist am besten geführt, so hat er, nach Swifts Ausdruck, eine Nuß aufgebissen, die ihn mit einer Made belohnte; soll es aber bedeuten, sie sei auch die beste Regierungsart, d. i. Staatsverfassung, so ist es grundfalsch; denn Exempel von guten Regierungen beweisen nichts für die Regierungsart. – Wer hat wohl besser regiert als ein Titus und Marcus Aurelius, und doch hinterließ der eine einen Domitian, der andere einen Commodus zu Nachfolgern; welches bei einer guten Staatsverfassung nicht hätte geschehen können, da ihre Untauglichkeit zu diesem Posten früh genug bekannt war, und die Macht des Beherrschers auch hinreichend war, um sie auszuschließen.

gemäß sein soll, gehört das repräsentative System, in welchem allein eine republikanische Regierungsart möglich, ohne welches sie (die Verfassung mag sein welche sie wolle) despotisch und gewalttätig ist. – Keine der alten so genannten Republiken hat dieses gekannt, und sie mußten sich darüber auch schlechterdings in den Despotism auflösen, der unter der Obergewalt eines Einzigen noch der erträglichste unter allen ist.

Zweiter Definitivartikel zum ewigen Frieden

Das Völkerrecht soll auf einen Föderalism freier Staaten gegründet sein.

Völker, als Staaten, können wie einzelne Menschen beurteilt werden, die sich in ihrem Naturzustande (d.i. in der Unabhängigkeit von äußern Gesetzen) schon durch ihr Nebeneinandersein lädieren, und deren jeder, um seiner Sicherheit willen, von dem andern fordern kann und soll, mit ihm in eine, der bürgerlichen ähnliche, Verfassung zu treten, wo jedem sein Recht gesichert werden kann. Dies wäre ein Völkerbund, der aber gleichwohl kein Völkerstaat sein müßte. Darinn aber wäre ein Widerspruch; weil ein jeder Staat das Verhältnis eines Oberen (Gesetzgebenden) zu einem Unteren (gehorchenden, nämlich dem Volk) enthält, viele Völker aber in einem Staat nur ein Volk ausmachen würden, welches (da wir hier das Recht der Völker gegen einander zu erwägen haben, so fern sie so viel verschiedene Staaten ausmachen, und nicht in einem Staat zusammenschmelzen sollen) der Voraussetzung widerspricht.

Gleichwie wir nun die Anhänglichkeit der Wilden an ihre gesetzlose Freiheit, sich lieber unaufhörlich zu balgen, als sich einem gesetzlichen, von ihnen selbst zu konstituierenden, Zwange zu unterwerfen, mithin die tolle Freiheit der vernünftigen vorzuziehen, mit tiefer Verachtung ansehen, und als Rohigkeit, Ungeschliffenheit, und viehische Abwürdigung der Menschheit betrachten, so, sollte man denken, müßten gesittete Völker (jedes für sich zu einem Staat vereinigt) eilen, aus einem so verworfenen Zustande je eher desto lieber herauszukommen: Statt dessen aber setzt vielmehr jeder Staat seine Majestät (denn Volksmajestät ist ein ungereimter Ausdruck) gerade darin, gar keinem äußeren gesetzlichen Zwange unterworfen zu sein, und der Glanz seines Oberhaupts besteht darin, daß ihm, ohne daß er sich eben selbst in Gefahr setzen darf, viele Tausende zu Gebot stehen, sich für eine Sache, die sie nichts angeht, aufopfern zu lassen[1], und der Unterschied der europäischen Wilden von den amerikanischen besteht hauptsächlich darin, daß, da manche Stämme der letzteren von ihren Feinden gänzlich sind gegessen worden, die ersteren ihre Überwundene besser zu benutzen wissen, als sie zu verspeisen, und lieber die Zahl ihrer Untertanen, mithin auch die Menge der Werkzeuge zu noch ausgebreiteteren Kriegen durch sie zu vermehren wissen.

Bei der Bösartigkeit der menschlichen Natur, die sich im freien Verhältnis der Völker unverholen blicken läßt (indessen daß sie im bürgerlich-gesetzlichen Zustande durch den Zwang der Regierung sich sehr verschleiert), ist es doch sehr zu verwundern, daß das Wort Recht aus der Kriegspolitik noch nicht als pedantisch ganz hat verwiesen werden können, und sich noch kein Staat erkühnet hat, sich für die letztere Meinung öffentlich zu erklären; denn noch werden Hugo Grotius,

---

[1] So gab ein bulgarischer Fürst dem griechischen Kaiser, der gutmütigerweise seinen Streit mit ihm durch einen Zweikampf ausmachen wollte, zur Antwort: »Ein Schmied, der Zangen hat, wird das glühende Eisen aus den Kohlen nicht mit seinen Händen herauslangen«.

Puffendorf, Vattell u. a. m. (lauter leidige Tröster), obgleich ihr Codex, philosophisch oder diplomatisch abgefaßt, nicht die mindeste gesetzliche Kraft hat, oder auch nur haben kann (weil Staaten als solche nicht unter einem gemeinschaftlichen äußeren Zwange stehen), immer treuherzig zur Rechtfertigung eines Kriegsangriffs angeführt, ohne daß es ein Beispiel gibt, daß jemals ein Staat durch mit Zeugnissen so wichtiger Männer bewaffnete Argumente wäre bewogen worden, von seinem Vorhaben abzustehen. – Diese Huldigung, die jeder Staat dem Rechtsbegriffe (wenigstens den Worten nach) leistet, beweist doch, daß eine noch größere, ob zwar zur Zeit schlummernde, moralische Anlage im Menschen anzutreffen sei, über das böse Prinzip in ihm (was er nicht ableugnen kann) doch einmal Meister zu werden, und dies auch von andern zu hoffen; denn sonst würde das Wort Recht den Staaten, die sich einander befehden wollen, nie in den Mund kommen, es sei denn, bloß um seinen Spott damit zu treiben, wie jener gallische Fürst es erklärte: »Es ist der Vorzug, den die Natur dem Stärkern über den Schwächern gegeben hat, daß dieser ihm gehorchen soll.«

Da die Art, wie Staaten ihr Recht verfolgen, nie, wie bei einem äußern Gerichtshofe, der Proceß, sondern nur der Krieg sein kann, durch diesen aber und seinen günstigen Ausschlag, den Sieg, das Recht nicht entschieden wird, und durch den Friedensvertrag zwar wohl dem diesmaligen Kriege, aber nicht dem Kriegszustande (immer zu einem neuen Vorwand zu finden) ein Ende gemacht wird (den man auch nicht geradezu für ungerecht erklären kann, weil in diesem Zustande jeder in seiner eigenen Sache Richter ist), gleichwohl aber von Staaten, nach dem Völkerrecht, nicht eben das gelten kann, was von Menschen im gesetzlosen Zustande nach dem Naturrecht gilt, »aus diesem Zustande herausgehen zu sollen« (weil sie, als Staaten, innerlich schon eine rechtliche Verfassung haben, und also dem Zwange anderer, sie nach ihren Rechtsbegriffen unter eine erweiterte gesetzliche Verfassung zu bringen, entwachsen sind), indessen daß doch die Vernunft vom Throne der höchsten moralisch gesetzgebenden Gewalt herab, den Krieg als Rechtsgang schlechterdings verdammt, den Friedenszustand dagegen zur unmittelbaren Pflicht macht, welcher doch, ohne einen Vertrag der Völker unter sich, nicht gestiftet oder gesichert werden kann: so muß es einen Bund von besonderer Art geben, den man den Friedensbund (*foedus pacificum*) nennen kann, der vom Friedensvertrag (*pactum pacis*) darin unterschieden sein würde, daß dieser bloß einen Krieg, jener aber alle Kriege auf immer zu endigen suchte. Dieser Bund geht auf keinen Erwerb irgend einer Macht des Staats, sondern lediglich auf Erhaltung und Sicherung der Freiheit eines Staats, für sich selbst und zugleich anderer verbündeten Staaten, ohne daß diese doch sich deshalb (wie Menschen im Naturzustande) öffentlichen Gesetzen, und einem Zwange unter denselben, unterwerfen dürfen. – Die Ausführbarkeit (objektive Realität) dieser Idee der Föderalität, die sich allmählig über alle Staaten erstrecken soll, und so zum ewigen Frieden hinführt, läßt sich darstellen. Denn wenn das Glück es so fügt: daß ein mächtiges und aufgeklärtes Volk sich zu einer Republik (die ihrer Natur nach, zum ewigen Frieden geneigt sein muß) bilden kann, so gibt diese einen Mittelpunkt der föderativen Vereinigung für andere Staaten ab, um sich an sie anzuschließen, und so den Freiheitszustand der Staaten, gemäß der Idee des Völkerrechts, zu sichern, und sich durch mehrere Verbindungen dieser Art nach und nach immer weiter auszubreiten.

Daß ein Volk sagt: »es soll unter uns kein Krieg sein; denn wir wollen uns in einen Staat formieren, d. i. uns selbst eine oberste gesetzgebende, regierende und richtende Gewalt setzen, die unsere Streitigkeiten friedlich ausgleicht« – das läßt sich verstehen. – – Wenn aber dieser Staat sagt: »es soll kein Krieg zwischen mir und andern Staaten sein, obgleich ich keine oberste gesetzgebende Gewalt erkenne, die mir mein, und der ich ihr Recht sichere,« so ist es gar nicht zu verstehen, worauf ich dann das Vertrauen zu meinem Rechte gründen wolle, wenn es nicht das Surrogat des bürgerlichen Gesellschaftsbundes, nämlich der freie Föderalism ist, den die Vernunft mit dem Begriffe des Völkerrechts notwendig verbinden muß, wenn überall etwas dabei zu denken übrig bleiben soll.

Bei dem Begriffe des Völkerrechts, als eines Rechts zum Kriege, läßt sich eigentlich gar nichts denken (weil es ein Recht sein soll, nicht nach allgemein gültigen äußern, die Freiheit jedes Einzelnen einschränkenden Gesetzen, sondern nach einseitigen Maximen durch Gewalt, was Recht sei, zu bestimmen), es müßte denn darunter verstanden werden: daß Menschen, die so gesinnet sind, ganz recht geschieht, wenn sie sich unter einander aufreiben, und also den ewigen Frieden in dem weiten Grabe finden, das alle Gräuel der Gewalttätigkeit samt ihren Urhebern bedeckt. – Für Staaten, im Verhältnisse unter einander, kann es nach der Vernunft keine andere Art geben, aus dem gesetzlosen Zustande, der lauter Krieg enthält, herauszukommen, als daß sie, eben so wie einzelne Menschen, ihre wilde (gesetzlose) Freiheit aufgeben, sich zu öffentlichen Zwangsgesetzen bequemen, und so einen (freilich immer wachsenden) Völkerstaat (*civitas gentium*), der zuletzt alle Völker der Erde befassen würde, bilden. Da sie dieses aber nach ihrer Idee vom Völkerrecht durchaus nicht wollen, mithin, was in thesi richtig ist, in hypothesi verwerfen, so kann an die Stelle der positiven Idee einer Weltrepublik (wenn nicht alles verlohren werden soll) nur das negative Surrogat eines den Krieg abwehrenden, bestehenden, und sich immer ausbreitenden Bundes, den Strom der rechtscheuenden, feindseligen Neigung aufhalten, doch mit beständiger Gefahr ihres Ausbruchs (*Furor impius intus fremit horridus ore cruento.* Virgil.)[1].

Dritter Definitivartikel zum ewigen Frieden

»Das Weltbürgerrecht soll auf Bedingungen der allgemeinen Hospitalität eingeschränkt sein.«

Es ist hier, wie in den vorigen Artikeln, nicht von Philanthrophie, sondern vom Recht die Rede, und da bedeutet Hospitalität (Wirtbarkeit) das Recht eines Fremdlings, seiner Ankunft auf dem Boden eines andern wegen, von diesem nicht feindselig behandelt zu werden. Dieser kann ihn abweisen, wenn es ohne seinen Untergang geschehen kann; so lange er aber auf seinem Platz sich friedlich verhält, ihm nicht feindlich begegnen. Es ist kein Gastrecht, worauf dieser Anspruch machen kann (wozu ein besonderer wohltätiger Vertrag erfordert werden würde, ihn auf eine gewisse Zeit zum Hausgenossen zu machen), sondern ein Besuchsrecht, welches allen Menschen zusteht, sich zur Gesellschaft anzubieten, vermöge des Rechts des gemeinschaft-

---

[1] Nach einem beendigten Kriege, beim Friedensschlusse, möchte es wohl für ein Volk nicht unschicklich sein, daß nach dem Dankfeste ein Bußtag ausgeschrieben würde, den Himmel, im Namen des Staats, um Gnade für die große Versündigung anzurufen, die das menschliche Geschlecht sich noch immer zu Schulden kommen läßt, sich keiner gesetzlichen Verfassung, im Verhältnis auf andere Völker, fügen zu wollen, sondern stolz auf seine Unabhängigkeit lieber das barbarische Mittel des Krieges (wodurch doch das, was gesucht wird, nämlich das Recht eines jeden Staats nicht ausgemacht wird) zu gebrauchen. – Die Dankfeste während dem Kriege über einen erfochtenen Sieg, die Hymnen, die (auf gut israelitisch) dem Herrn der Heerscharen gesungen werden, stehen mit der moralischen Idee des Vaters der Menschen in nicht minder starkem Kontrast; weil sie außer der Gleichgültigkeit wegen der Art, wie Völker ihr gegenseitiges Recht suchen (die traurig genug ist), noch eine Freude hineinbringen, recht viel Menschen, oder ihr Glück zernichtet zu haben.

lichen Besitzes der Oberfläche der Erde, auf der, als Kugelfläche, sie sich nicht ins Unendliche zerstreuen können, sondern endlich sich doch neben einander dulden zu müssen, ursprünglich aber niemand an einem Orte der Erde zu sein, mehr Recht hat, als der Andere. – Unbewohnbare Teile dieser Oberfläche, das Meer und die Sandwüsten, trennen diese Gemeinschaft, doch so, daß das Schiff, oder das Kamel (das Schiff der Wüste) es möglich machen, über diese herrenlose Gegenden sich einander zu nähern, und das Recht der Oberfläche, welches der Menschengattung gemeinschaftlich zukommt, zu einem möglichen Verkehr zu benutzen. Die Unwirtbarkeit der Seeküsten (z. B. der Barbaresken), Schiffe in nahen Meeren zu rauben, oder gestrandete Schiffsleute zu Sklaven zu machen, oder die der Sandwüsten (der arabischen Beduinen), die Annäherung zu den nomadischen Stämmen als ein Recht anzusehen, sie zu plündern, ist also dem Naturrecht zuwider, welches Hospitalitätsrecht aber, d. i. die Befugnis der fremden Ankömmlinge, sich nicht weiter erstreckt, als auf die Bedingungen der Möglichkeit, einen Verkehr mit den alten Einwohnern zu versuchen. – Auf diese Art können entfernte Weltteile mit einander friedlich in Verhältnisse kommen, die zuletzt öffentlich gesetzlich werden, und so das menschliche Geschlecht endlich einer weltbürgerlichen Verfassung immer näher bringen können.

Vergleicht man hiemit das inhospitale Betragen der gesitteten, vornehmlich handeltreibenden Staaten unseres Weltteils, so geht die Ungerechtigkeit, die sie in dem Besuche fremder Länder und Völker (welches ihnen mit dem Erobern derselben für einerlei gilt) beweisen, bis zum Erschrecken weit. Amerika, die Negerländer, die Gewürzinseln, das Kap etc. waren, bei ihrer Entdeckung, für sie Länder, die keinem angehörten; denn die Einwohner rechneten sie für nichts. In Ostindien (Hindustan) brachten sie, unter dem Vorwände bloß beabsichtigter Handelsniederlagen, fremde Kriegesvölker hinein, mit ihnen aber Unterdrückung der Eingeborenen, Aufwiegelung der verschiedenen Staaten desselben zu weit ausgebreiteten Kriegen, Hungersnot, Aufruhr, Treulosigkeit, und wie die Litanei aller Übel, die das menschliche Geschlecht drücken, weiter lauten mag.

China[1] und Japan (Nippon), die den Versuch mit solchen Gästen gemacht hatten, haben daher weislich, jenes zwar den

---

[1] Um dieses große Reich mit dem Namen, womit es sich selbst benennt, zu schreiben (nämlich China, nicht Sina, oder einen diesem ähnlichen Laut), darf man nur Georgii Alphab. Tibet, pag. 651–654, vornehmlich Nota b unten, nachsehen. – Eigentlich führt es, nach des Petersb. Prof. Fischer Bemerkung, keinen bestimmten Namen, womit es sich selbst benennt; der gewöhnlichste ist noch der des Worts Kin, nämlich Gold (welches die Tibetaner mit Ser ausdrücken), daher der Kaiser König des Goldes (des herrlichsten Landes von der Welt) genannt wird, welches Wort wohl im Reiche selbst wie Chin lauten, aber von den italienischen Missionarien (des Gutturalbuchstabens wegen) wie Kin ausgesprochen sein mag. – Hieraus ersieht man dann, daß das von den Römern sogenannte Land der Ser er China war, die Seide aber über Groß-Tibet (vermutlich durch Klein-Tibet und die Bucharei über Persien, so weiter) nach Europa gefördert worden, welches zu manchen Betrachtungen über das Altertum dieses erstaunlichen Staats, in Vergleichung mit dem von Hindustan, bei der Verknüpfung mit Tibet, und, durch dieses, mit Japan, hinleitet; indessen daß der Name Sina, oder Tschina, den die Nachbarn diesem Lande geben sollen, zu nichts hinführt. – – Vielleicht läßt sich auch die uralte, ob zwar nie recht bekannt gewordene Gemeinschaft Europens mit Tibet aus dem, was uns Hesychius hievon aufbehalten hat, nämlich dem Zuruf Κονξ Ὀμπαξ (Konx Ompax) des Hierophanten in den Eleusinischen Geheimnissen erklären. (S. Reise des jüngern Anacharsis, 5ter Teil, S. 447 u. f.) – Denn nach Georgii Alph. Tibet, bedeutet das Wort Concioa Gott, welches eine auffallende Ähnlichkeit mit Konx hat. Pah-ciò (ib. p. 520), welches von den Griechen leicht wie *pax* ausgesprochen werden konnte, *promulgator legis*, die durch die ganze Natur verteilte Gottheit (auch Cenresi genannt, p. 177). – Om aber, welches La Croze durch *benedictus*, gesegnet, übersetzt, kann, auf die Gottheit angewandt, wohl nichts anders als den Seliggepriesenen bedeuten, p. 507. Da nun P. Franz. Horatius von den Tibetanischen Lamas, die er oft befrug, was sie unter Gott (Concioa) verständen, jederzeit die Antwort bekam: »es ist die Versammlung aller Heiligen« (d. i. der seligen durch die Lamaische Wiedergeburt, nach vielen Wanderungen durch allerlei Körper, endlich in die Gottheit zurückgekehrten, in Burchane, d. i. anbetungswürdige Wesen, verwandelten Seelen (p. 223), so wird jenes geheimnisvolle Wort, Konx Ompax, wohl das heilige (Konx), selige (Om) und weise (Pax), durch die Welt überall verbreitete höchste Wesen (die personifizierte Natur) bedeuten sollen,

Zugang, aber nicht den Eingang, dieses auch den ersteren nur einem einzigen europäischen Volk, den Holländern, erlaubt, die sie aber doch dabei, wie Gefangene, von der Gemeinschaft mit den Eingebohrnen ausschließen. Das Aergste hiebei (oder, aus dem Standpunkte eines moralischen Richters betrachtet, das Beste) ist, daß sie dieser Gewalttätigkeit nicht einmal froh werden, daß alle diese Handlungsgesellschaften auf dem Punkte des nahen Umsturzes stehen, daß die Zuckerinseln, dieser Sitz der allergrausamsten und ausgedachtesten Sklaverei, keinen wahren Ertrag abwerfen, sondern nur mittelbar, und zwar zu einer nicht sehr löblichen Absicht, nämlich zu Bildung der Matrosen für Kriegsflotten, und also wieder zu Führung der Kriege in Europa dienen, und dieses *möchten*, die von der Frömmigkeit viel Werks machen, und, indem sie Unrecht wie Wasser trinken, sich in der Rechtgläubigkeit für Auserwählte gehalten wissen wollen.

Da es nun mit der unter den Völkern der Erde einmal durchgängig überhand genommenen (engeren oder weiteren) Gemeinschaft so weit gekommen ist, daß die Rechtsverletzung an einem Platz der Erde an allen gefühlt wird: so ist die Idee eines Weltbürgerrechts keine phantastische und überspannte Vorstellungsart des Rechts, sondern eine notwendige Ergänzung des ungeschriebenen Codex, sowohl des Staats- als Völkerrechts zum öffentlichen Menschenrechte überhaupt, und so zum ewigen Frieden, zu dem man sich in der kontinuierlichen Annäherung zu befinden, nur unter dieser Bedingung schmeicheln darf.

---

und, in den griechischen Mysterien gebraucht, wohl den Monotheism für die Epopten, im Gegensatz mit dem Polytheism des Volks angedeutet haben; obwohl P. Horatius (a.a.O.) hierunter einen Atheism witterte. – Wie aber jenes geheimnisvolle Wort über Tibet zu den Griechen gekommen, läßt sich auf obige Art erklären und umgekehrt dadurch auch das frühe Verkehr Europens mit China über Tibet (vielleicht eher noch als mit Hindustan) wahrscheinlich machen.

ZUSATZ
VON DER GARANTIE DES EWIGEN FRIEDENS

Das, was diese Gewähr (Garantie) leistet, ist nichts Geringeres, als die große Künstlerin, Natur (*natura daedala rerum*), aus deren mechanischem Laufe sichtbarlich Zweckmäßigkeit hervorleuchtet, durch die Zwietracht der Menschen Eintracht selbst wider ihren Willen emporkommen zu lassen, und darum, gleich als Nötigung einer ihren Wirkungsgesetzen nach uns unbekannten Ursache, Schicksal, bei Erwägung aber ihrer Zweckmäßigkeit im Laufe der Welt, als tiefliegende Weisheit einer höheren, auf den objektiven Endzweck des menschlichen Geschlechts gerichteten, und diesen Weltlauf prädeterminierenden Ursache Vorsehung[1] genannt wird, die wir zwar

---

[1] Im Mechanism der Natur, wozu der Mensch (als Sinnenwesen) mit gehört, zeigt sich eine ihrer Existenz schon zum Grunde liegende Form, die wir uns nicht anders begreiflich machen können, als indem wir ihr den Zweck eines sie vorher bestimmenden Welturhebers unterlegen, dessen Vorherbestimmung wir die (göttliche) Vorsehung überhaupt, und, sofern sie in den Anfang der Welt gelegt wird, die gründende (*providentia conditrix; semel iussit, semper parent*, Augustin.), im Laufe der Natur aber, diesen nach allgemeinen Gesetzen der Zweckmäßigkeit zu erhalten, die waltende Vorsehung (*providentia gubernatrix*), ferner zu besonderen, aber von dem Menschen nicht vorherzusehenden, sondern nur aus dem Erfolg vermuteten Zwecken die leitende (*providentia directrix*), endlich sogar in Ansehung einzelner Begebenheiten, als göttlicher Zwecke, nicht mehr Vorsehung, sondern Fügung (*directio extraordinaria*) nennen, welche aber (da sie in der Tat auf Wunder hinweiset, obgleich die Begebenheiten nicht so genannt werden) als solche erkennen zu wollen törichte Vermessenheit des Menschen ist; weil aus einer einzelnen Begebenheit auf ein besonderes Prinzip der wirkenden Ursache (daß diese Begebenheit Zweck, und nicht bloß naturmechanische Nebenfolge aus einem anderen uns ganz unbekannten Zwecke sei) zu schließen ungereimt und voll Eigendünkel ist, so fromm und demütig auch die Sprache hierüber lauten mag. – Eben so ist auch die Einteilung der Vorsehung (materialiter betrachtet), wie sie auf Gegenstände in der Welt geht, in die allgemeine und besondere, falsch und sich selbst widersprechend (daß sie z.B. zwar eine Vorsorge zur Erhaltung der Gattungen der Geschöpfe sei, die Individuen aber dem

eigentlich nicht an diesen Kunstanstalten der Natur erkennen, oder auch nur daraus auf sie schließen, sondern (wie in aller Beziehung der Form der Dinge auf Zwecke überhaupt) nur hinzudenken können und müssen, um uns von ihrer Möglichkeit, nach der Analogie menschlicher Kunsthandlungen,

---

Zufall überlasse); denn sie wird eben in der Absicht allgemein genannt, damit kein einziges Ding als davon ausgenommen gedacht werde. – Vermutlich hat man hier die Einteilung der Vorsehung (formaliter betrachtet) nach der Art der Ausführung ihrer Absicht gemeint: nämlich in ordentliche (z.B. das jährliche Sterben und Wiederaufleben der Natur nach dem Wechsel der Jahreszeiten) und außerordentliche (z.B. die Zuführung des Holzes an die Eisküsten, das da nicht wachsen kann, durch die Meerströme, für die dortigen Einwohner, die ohne das nicht leben konnten), wo, ob wir gleich die physisch-mechanische Ursache dieser Erscheinungen uns gut erklären können (z.B. durch die mit Holz bewachsene Ufer der Flüsse der temperierten Länder, in welche jene Bäume hineinfallen, und etwa durch den Gulfstrom weiter verschleppt werden), wir dennoch auch die teleologische nicht übersehen müssen, die auf die Vorsorge einer über die Natur gebietenden Weisheit hinweiset. – Nur was den in den Schulen gebräuchlichen Begriff eines göttlichen Beitritts, oder Mitwirkung (*concursus*) zu einer Wirkung in der Sinnenwelt betrifft, so muß dieser wegfallen. Denn das Ungleichartige paaren wollen (*gryphes iungere equis*) und den, der selbst die vollständige Ursache der Welt-Veränderungen ist, seine eigene prädeterminierende Vorsehung während dem Weltlaufe ergänzen zu lassen (die also mangelhaft gewesen sein müßte), z.B. zu sagen, daß nächst Gott der Arzt den Kranken zurecht gebracht habe, also als Beistand dabei gewesen sei, ist erstlich an sich widersprechend. Denn *causa solitaria non iuvat*. Gott ist der Urheber des Arztes samt allen seinen Heilmitteln, und so muß ihm, wenn man ja bis zum höchsten, uns theoretisch unbegreiflichen Urgründe hinaufsteigen will, die Wirkung ganz zugeschrieben werden. Oder man kann sie auch ganz dem Arzt zuschreiben, so fern wir diese Begebenheit als nach der Ordnung der Natur erklärbar in der Kette der Weltursachen verfolgen. Zweitens bringt eine solche Denkungsart auch um alle bestimmte Prinzipien der Beurteilung eines Effekts. Aber in moralisch-praktischer Absicht (die also ganz aufs Übersinnliche gerichtet ist), z.B. in dem Glauben, daß Gott den Mangel unserer eigenen Gerechtigkeit, wenn nur unsere Gesinnung echt war, auch durch uns unbegreifliche Mittel ergänzen werde, wir also in der Bestrebung zum Guten nichts nachlassen sollen, ist der Begriff des göttlichen Concursus ganz schicklich und sogar notwendig; wobei es sich aber von selbst versteht, daß niemand eine gute Handlung (als Begebenheit in der Welt) hieraus zu erklären versuchen muß, welches ein vorgebliches theoretisches Erkenntnis des Übersinnlichen, mithin ungereimt ist.

einen Begriff zu machen, deren Verhältnis und Zusammenstimmung aber zu dem Zwecke, den uns die Vernunft unmittelbar vorschreibt (dem moralischen), sich vorzustellen, eine Idee ist, die zwar in **theoretischer** Absicht überschwenglich, in praktischer aber (z. B. in Ansehung des Pflichtbegriffs vom **ewigen Frieden**, um jenen Mechanismus der Natur dazu zu benutzen) dogmatisch und ihrer Realität nach wohl gegründet ist. – Der Gebrauch des Worts **Natur** ist auch, wenn es, wie hier, bloß um Theorie (nicht um Religion) zu tun ist, schicklicher für die Schranken der menschlichen Vernunft (als die sich in Ansehung des Verhältnisses der Wirkungen zu ihren Ursachen, innerhalb den Grenzen möglicher Erfahrung halten muß) und **bescheidener**, als der Ausdruck einer für uns erkennbaren Vorsehung, mit dem man sich vermessenerweise ikarische Flügel ansetzt, um dem Geheimnis ihrer unergründlichen Absicht näher zu kommen.

Ehe wir nun diese Gewährleistung näher bestimmen, wird es nötig sein, vorher den Zustand nachzusuchen, den die Natur für die auf ihrem großen Schauplatz handelnde Personen veranstaltet hat, der ihre Friedenssicherung zuletzt notwendig macht; – alsdann aber allererst die Art, wie sie diese leiste.

Ihre provisorische Veranstaltung besteht darin: daß sie 1) für die Menschen in allen Erdgegenden gesorgt hat, daselbst leben zu können; – 2) sie durch **Krieg** allerwärts hin, selbst in die unwirtbarste Gegenden, getrieben hat, um sie zu bevölkern; 3) – durch eben denselben sie in mehr oder weniger gesetzliche Verhältnisse zu treten genötigt hat. – Daß in den kalten Wüsten am Eismeer noch das Moos wächst, welches das **Renntier** unter dem Schnee hervorscharrt, um selbst die Nahrung, oder auch das Angespann des Ostiaken oder Samojeden zu sein; oder daß die salzigten Sandwüsten doch noch dem **Kamel**, welches zur Bereisung derselben gleichsam geschaffen zu sein scheint, um sie nicht unbenutzt zu lassen, enthalten, ist schon bewundernswürdig. Noch deutlicher aber leuchtet der Zweck hervor, wenn man gewahr wird, wie außer den bepelzten Tieren am Ufer des Eismeeres, noch Robben, Wallrosse und Wallfische an ihrem Fleische Nahrung, und mit ihrem Tran Feurung für die dortigen Anwohner darreichen. Am meisten aber erregt die Vorsorge der Natur durch das Treibholz Bewunderung, was sie (ohne daß man recht weiß, wo es herkommt) diesen gewächslosen Gegenden zubringt, ohne welches Material sie weder ihre Fahrzeuge und Waffen, noch ihre Hütten zum Aufenthalt zurichten könnten; wo sie dann mit dem Kriege gegen die Tiere gnug zu tun haben, um unter sich friedlich zu leben. – – Was sie aber **dahin getrieben** hat, ist vermuthlich nichts anders als der Krieg gewesen. Das erste **Kriegswerkzeug** aber unter allen Tieren, die der Mensch, binnen der Zeit der Erdbevölkerung, zu zähmen und häuslich zu machen gelernt hatte, ist das **Pferd** (denn der Elefant gehört in die spätere Zeit, nämlich des Luxus schon errichteter Staaten), so wie die Kunst, gewisse, für uns jetzt, ihrer ursprünglichen Beschaffenheit nach, nicht mehr erkennbare Grasarten, **Getreide** genannt, anzubauen, ingleichen die Vervielfältigung und Verfeinerung der **Obstarten** durch Verpflanzung und Einpfropfung (vielleicht in Europa bloß zweier Gattungen, der Holzäpfel und Holzbirnen), nur im Zustande schon errichteter Staaten, wo gesichertes Grundeigenthun statt fand, entstehen konnte, – nachdem die Menschen vorher in gesetzloser Freiheit von dem Jagd-[1], Fischer- und Hir-

---

[1] Unter allen Lebensweisen ist das **Jagdleben** ohne Zweifel der **gesitteten** Verfassung am meisten zuwider; weil die Familien, die sich da vereinzelnen müssen, einander bald fremd und sonach, in weitläuftigen Wäldern zerstreut, auch bald **feindselig** werden, da eine jede zu Erwerbung ihrer Nahrung und Kleidung viel Raum bedarf. – Das **Noachische Blutverbot**, 1. M. IX, 4–6 (welches, öfters wiederholt, nachher gar den neuangenommenen Christen aus dem Heidentum, ob zwar in anderer Rücksicht, von den Judenchristen

tenleben bis zum Ackerleben durchgedrungen waren, und nun Salz und Eisen erfunden ward, vielleicht die ersteren weit und breit gesuchten Artikel eines Handelsverkehrs verschiedener Völker wurden, wodurch sie zuerst in ein friedliches Verhältnis gegen einander, und so, selbst mit Entfernteren, in Einverständnis, Gemeinschaft und friedliches Verhältnis unter einander gebracht wurden.

Indem die Natur nun dafür gesorgt hat, daß Menschen allerwärts auf Erden leben könnten, so hat sie zugleich auch despotisch gewollt, daß sie allerwärts leben sollten, wenn gleich wider ihre Neigung, und selbst ohne daß dieses Sollen zugleich einen Pflichtbegriff voraussetzte, der sie hiezu, vermittelst eines moralischen Gesetzes, verbände, – sondern sie hat, zu diesem ihrem Zweck zu gelangen, den Krieg gewählt. – Wir sehen nämlich Völker, die an der Einheit ihrer Sprache die Einheit ihrer Abstammung kennbar machen, wie die Samojeden am Eismeer einerseits, und ein Volk von ähnlicher Sprache, zweihundert Meilen davon entfernt, im Altaischen Gebirge andererseits, wozwischen sich ein anderes, nämlich mongalisches, berittenes und hiemit kriegerisches Volk, gedrängt, und so jenen Teil ihres Stammes, weit von diesem, in die unwirtbarsten Eisgegenden, versprengt hat, wo sie gewiß nicht aus eigener Neigung sich hin verbreitet hätten[1]; – eben so die Fin-

---

zur Bedingung gemacht wurde, Apost. Gesch. XV, 20. XXI, 25 –) scheint uranfänglich nichts anders, als das Verbot des Jägerlebens gewesen zu sein; weil in diesem der Fall, das Fleisch roh zu essen, oft eintreten muß, mit dem letzteren also das erstere zugleich verboten wird.

[1] Man könnte fragen: Wenn die Natur gewollt hat, diese Eisküsten sollten nicht unbewohnt bleiben, was wird aus ihren Bewohnern, wenn sie ihnen dereinst (wie zu erwarten ist) kein Treibholz mehr zuführete? Denn es ist zu glauben, daß, bei fortrückender Kultur, die Einsassen der temperierten Erdstriche das Holz, was an den Ufern ihrer Ströme wächst, besser benutzen, es nicht in die Ströme fallen, und so in die See wegschwemmen lassen werden. Ich antworte: Die Anwohner des Obstroms, des Jenissei, des Lena u.s.w. werden es ihnen durch Handel zuführen, und dafür die Produkte aus dem

nen in der nordlichsten Gegend von Europa, Lappen genannt, von den jetzt eben so weit entferneten, aber der Sprache nach mit ihnen verwandten Ungern, durch dazwischen eingedrungne Gothische und Sarmatische Völker getrennt; und was kann wohl anders die Eskimos (vielleicht uralte Europäische Abenteurer, ein von allen Amerikanern ganz unterschiedenes Geschlecht) in Norden, und die Pescheräs, im Süden von Amerika, bis zum Feuerlande hingetrieben haben, als der Krieg, dessen sich die Natur als Mittels bedient, die Erde allerwärts zu bevölkern. Der Krieg aber selbst bedarf keines besondern Bewegungsgrundes, sondern scheint auf die menschliche Natur gepfropft zu sein, und sogar als etwas Edles, wozu der Mensch durch den Ehrtrieb, ohne eigennützige Triebfedern, beseelt wird, zu gelten: so, daß Kriegesmut (von amerikanischen Wilden sowohl, als den europäischen, in den Ritterzeilen) nicht bloß wenn Krieg ist (wie billig), sondern auch, daß Krieg sei, von unmittelbarem großem Werth zu sein geurteilt wird, und er oft, bloß um jenen zu zeigen, angefangen, mithin in dem Kriege an sich selbst eine innere Würde gesetzt wird, sogar daß ihm auch wohl Philosophen, als einer gewissen Veredelung der Menschheit, eine Lobrede halten, uneingedenk des Ausspruchs jenes Griechen: »Der Krieg ist darin schlimm, daß er mehr böse Leute macht, als er deren wegnimmt.« – So viel von dem, was die Natur für ihren eigenen Zweck, in Ansehung der Menschengattung als einer Tierklasse, tut.

Jetzt ist die Frage, die das Wesentliche der Absicht auf den ewigen Frieden betrifft: »Was die Natur in dieser Absicht, Beziehungsweise auf den Zweck, den dem Menschen seine eigene Vernunft zur Pflicht macht, mithin zu Begünstigung sei-

---

Tierreich, woran das Meer an den Eisküsten so reich ist, einhandeln; wenn sie (die Natur) nur allererst den Frieden unter ihnen erzwungen haben wird.

ner moralischen Absicht tue, und wie sie die Gewähr leiste, daß dasjenige, was der Mensch nach Freiheitsgesetzen tun sollte, aber nicht tut, dieser Freiheit unbeschadet auch durch einen Zwang der Natur, daß er es tun werde, gesichert sei, und zwar nach allen drei Verhältnissen des öffentlichen Rechts, des Staats-, Völker- und welt-bürgerlichen Rechts« – Wenn ich von der Natur sage: sie will, daß dieses oder jenes geschehe, so heißt das nicht soviel, als: sie legt uns eine Pflicht auf, es zu tun (denn das kann nur die zwangsfreie praktische Vernunft), sondern sie tut es selbst, wir mögen wollen oder nicht (*fata volentem ducunt, nolentem trahunt*).

1. Wenn ein Volk auch nicht durch innere Mishelligkeit genötigt würde, sich unter den Zwang öffentlicher Gesetze zu begeben, so würde es doch der Krieg von außen tun, indem, nach der vorher erwähnten Naturanstalt, ein jedes Volk ein anderes es drängende Volk zum Nachbar vor sich findet, gegen das es sich innerlich zu einem Staat bilden muß, um, als Macht, gegen diesen gerüstet zu sein. Nun ist die republikanische Verfassung die einzige, welche dem Recht der Menschen vollkommen angemessen, aber auch die schwerste zu stiften, vielmehr aber noch zu erhalten ist, dermaßen, daß viele behaupten, es müsse ein Staat von Engeln sein, weil Menschen mit ihren selbstsüchtigen Neigungen einer Verfassung von so sublimer Form nicht fähig wären. Aber nun kommt die Natur dem verehrten, aber zur Praxis ohnmächtigen allgemeinen, in der Vernunft gegründeten Willen, und zwar gerade durch seine selbstsüchtige Neigungen, zu Hülfe, so, daß es nur auf eine gute Organisation des Staats ankommt (die allerdings im Vermögen der Menschen ist), jener ihre Kräfte so gegen einander zu richten, daß eine die anderen in ihrer zerstöhrenden Wirkung aufhält, oder diese aufhebt: so daß der Erfolg für die Vernunft so ausfällt, als wenn beide gar nicht da wären, und so der Mensch, wenn gleich

nicht ein moralisch-guter Mensch, dennoch ein guter Bürger zu sein gezwungen wird. Das Problem der Staatserrichtung ist, so hart wie es auch klingt, selbst für ein Volk von Teufeln (wenn sie nur Verstand haben), auflösbar und lautet so: »Eine Menge von vernünftigen Wesen, die insgesamt allgemeine Gesetze für ihre Erhaltung verlangen, deren jedes aber in Geheim sich davon auszunehmen geneigt ist, so zu ordnen und ihre Verfassung einzurichten, daß, obgleich sie in ihren Privatgesinnungen einander entgegen streben, diese einander doch so aufhalten, daß in ihrem öffentlichen Verhalten der Erfolg eben derselbe ist, als ob sie keine solche böse Gesinnungen hätten.« Ein solches Problem muß auflöslich sein. Denn es ist nicht die moralische Besserung der Menschen, sondern nur der Mechanism der Natur, von dem die Aufgabe zu wissen verlangt, wie man ihn an Menschen benutzen könne, um den Widerstreit ihrer unfriedlichen Gesinnungen in einem Volk so zu richten, daß sie sich unter Zwangsgesetze zu begeben einander selbst nötigen, und so den Friedenszustand, in welchem Gesetze Kraft haben, herbeiführen müssen. Man kann dieses auch an den wirklich vorhandenen, noch sehr unvollkommen organisierten Staaten sehen, daß sie sich doch im äußeren Verhalten dem, was die Rechtsidee vorschreibt, schon sehr nähern, ob gleich das Innere der Moralität davon sicherlich nicht die Ursache ist (wie denn auch nicht von dieser die gute Staatsverfassung, sondern vielmehr umgekehrt, von der letzteren allererst die gute moralische Bildung eines Volks zu erwarten ist), mithin der Mechanism der Natur durch selbstsüchtige Neigungen, die natürlicherweise einander auch äußerlich entgegen wirken, von der Vernunft zu einem Mittel gebraucht werden kann, dieser ihrem eigenen Zweck, der rechtlichen Vorschrift, Raum zu machen, und hiemit auch, soviel an dem Staat selbst liegt, den inneren sowohl als äußeren Frieden zu befördern und zu sichern. – Hier heißt es also: Die Natur will unwiderstehlich, daß das Recht zuletzt die Obergewalt erhalte. Was man nun hier verabsäumt zu tun, das macht sich zuletzt selbst, obzwar mit viel Ungemächlichkeit. – »Biegt man das Rohr zu stark, so bricht's; und wer zu viel will, der will nichts.« Bouterwek.

2. Die Idee des Völkerrechts setzt die Absonderung vieler von einander unabhängiger benachbarter Staaten voraus, und, obgleich ein solcher Zustand an sich schon ein Zustand des Krieges ist (wenn nicht eine föderative Vereinigung derselben dem Ausbruch der Feindseligkeiten vorbeugt); so ist doch selbst dieser, nach der Vernunftidee, besser als die Zusammenschmelzung derselben, durch eine die andere überwachsende, und in eine Universalmonarchie übergehende Macht; weil die Gesetze mit dem vergrößten Umfange der Regierung immer mehr an ihrem Nachdruck einbüßen, und ein seelenloser Despotism, nachdem er die Keime des Guten ausgerottet hat, zuletzt doch in Anarchie verfällt. Indessen ist dieses doch das Verlangen jedes Staats (oder seines Oberhaupts), auf diese Art sich in den dauernden Friedenszustand zu versetzen, daß er, wo möglich, die ganze Welt beherrscht. Aber die Natur will es anders. – Sie bedient sich zweier Mittel, um Völker von der Vermischung abzuhalten und sie abzusondern, der Verschiedenheit der Sprachen und der Religionen[1], die zwar den Hang zum wechselseitigen Hasse, und Vorwand zum Kriege bei sich führt, aber doch bei anwachsender Kultur und der allmähligen

---

[1] Verschiedenheit der Religionen: ein wunderlicher Ausdruck! gerade, als ob man auch von verschiedenen Moralen spräche. Es kann wohl verschiedene Glaubensarten historischer, nicht in die Religion, sondern in die Geschichte der zu ihrer Beförderung gebrauchten, ins Feld der Gelehrsamkeit einschlagender Mittel und eben so verschiedene Religionsbücher (Zendavesta, Vedam, Koran u. s. w.) geben, aber nur eine einzige, für alle Menschen und in allen Zeiten gültige Religion. Jene also können wohl nichts anders als nur das Vehikel der Religion, was zufällig ist, und nach Verschiedenheit der Zeiten und Örter verschieden sein kann, enthalten.

Annäherung der Menschen, zu größerer Einstimmung in Prinzipien, zum Einverständnisse in einem Frieden leitet, der nicht, wie jener Despotism (auf dem Kirchhofe der Freiheit), durch Schwächung aller Kräfte, sondern durch ihr Gleichgewicht, im lebhaftesten Wetteifer derselben, hervorgebracht und gesichert wird.

3. So wie die Natur weislich die Völker trennt, welche der Wille jedes Staats, und zwar selbst nach Gründen des Völkerrechts, gern unter sich durch List oder Gewalt vereinigen möchte; so vereinigt sie auch andererseits Völker, die der Begriff des Weltbürgerrechts gegen Gewalttätigkeit und Krieg nicht würde gesichert haben, durch den wechselseitigen Eigennutz. Es ist der **Handelsgeist**, der mit dem Kriege nicht zusammen bestehen kann, und der früher oder später sich jedes Volks bemächtigt. Weil nämlich unter allen, der Staatsmacht untergeordneten, Mächten (Mitteln), die **Geldmacht** wohl die zuverläßigste sein möchte, so sehen sich Staaten (freilich wohl nicht eben durch Triebfedern der Moralität) gedrungen, den edlen Frieden zu befördern, und, wo auch immer in der Welt Krieg auszubrechen droht, ihn durch Vermittelungen abzuwehren, gleich als ob sie deshalb im beständigen Bündnisse ständen; denn große Vereinigungen zum Kriege können, der Natur der Sache nach, sich nur höchst selten zutragen, und noch seltener glücken. – – Auf die Art garantiert die Natur, durch den Mechanism in den menschlichen Neigungen selbst, den ewigen Frieden; freilich mit einer Sicherheit, die nicht hinreichend ist, die Zukunft desselben (theoretisch) zu **weissagen**, aber doch in praktischer Absicht zulangt, und es zur Pflicht macht, zu diesem (nicht bloß schimärischen) Zwecke hinzuarbeiten.

Zweiter Zusatz
Geheimer Artikel zum ewigen Frieden

Ein geheimer Artikel in Verhandlungen des öffentlichen Rechts ist objektiv, d.i. seinem Inhalte nach betrachtet, ein Widerspruch; subjektiv aber, nach der Qualität der Person beurteilt, die ihn diktiert, kann gar wohl darin ein Geheimnis statt haben, daß sie es nämlich für ihre Würde bedenklich findet, sich öffentlich als Urheberin desselben anzukündigen.

Der einzige Artikel dieser Art ist in dem Satze enthalten: **Die Maximen der Philosophen über die Bedingungen der Möglichkeit des öffentlichen Friedens sollen von den zum Kriege gerüsteten Staaten zu Rate gezogen werden.**

Es scheint aber für die gesetzgebende Autorität eines Staats, dem man natürlicherweise die größte Weisheit beilegen muß, verkleinerlich zu sein, über die Grundsätze seines Verhaltens gegen andere Staaten bei *Untertanen* (den Philosophen) Belehrung zu suchen; gleichwohl aber sehr ratsam, es zu tun. Also wird der Staat die letztere *stillschweigend* (also, indem er ein Geheimnis daraus macht) *dazu auffordern*, welches soviel heißt, als: er wird sie frei und öffentlich über die allgemeine Maximen der Kriegsführung und Friedensstiftung *reden lassen* (denn das werden sie schon von selbst tun, wenn man es ihnen nur nicht verbietet) und die Übereinkunft der Staaten unter einander über diesen Punkt bedarf auch keiner besonderen Verabredung der Staaten unter sich in dieser Absicht, sondern liegt schon in der Verpflichtung durch allgemeine (moralische gesetzgebende) Menschenvernunft. – Es ist aber hiemit nicht gemeint: daß der Staat den Grundsätzen des Philosophen vor den Aussprüchen des Juristen (des Stellvertreters der Staatsmacht) den Vorzug einräumen müsse, sondern nur, daß man ihn höre. Der letztere, der die Waage des Rechts und, neben bei auch das Schwert der Gerechtigkeit sich zum Symbol gemacht hat, bedient sich gemeiniglich des letzteren, nicht von etwa bloß alle fremde Einflüsse von dem ersteren abzuhalten, sondern, wenn die eine Schale nicht sinken will, das Schwert mit hinein zu legen (vae victis), wozu der Jurist, der nicht zugleich (auch der Moralität nach) Philosoph ist, die größte Versuchung hat, weil es seines Amts nur ist, vorhandene Gesetze anzuwenden, nicht aber, ob diese selbst nicht einer Verbesserung bedürfen, zu untersuchen, und rechnet diesen in der Tat niedrigeren Rang seiner Fakultät, darum weil er mit Macht begleitet ist (wie es auch mit den beiden anderen der Fall ist), zu den höheren. – Die philosophische steht unter dieser verbündeten Gewalt auf einer sehr niedrigen Stufe. So heißt es z. B. von der Philosophie, sie sei die Magd der Theologie (und eben so lautet es von den zwei anderen). – Man sieht aber nicht recht, » ob sie ihrer gnädigen Frauen die Fackel vorträgt oder die Schleppe nachträgt «.

Daß Könige philosophieren, oder Philosophen Könige würden, ist nicht zu erwarten, aber auch nicht zu wünschen; weil der Besitz der Gewalt das freie Urteil der Vernunft unvermeidlich verdirbt. Daß aber Könige oder königliche (sich selbst nach Gleichheitsgesetzen beherrschende) Völker die Klasse der Philosophen nicht schwinden oder verstummen, sondern öffentlich sprechen lassen, ist beiden zu Beleuchtung ihres Geschäfts unentbehrlich und, weil diese Klasse ihrer Natur nach der Rottierung und Klubbenverbündung unfähig ist, wegen der Nachrede einer Propaganda verdachtlos.

Anhang

I. Über die Mishelligkeit zwischen der Moral und der Politik, in Absicht auf den ewigen Frieden

Die Moral ist schon an sich selbst eine Praxis in objektiver Bedeutung, als Inbegriff von unbedingt gebietenden Gesetzen, nach denen wir handeln sollen, und es ist offenbare Ungereimtheit, nachdem man diesem Pflichtbegriff seine Autorität zugestanden hat, noch sagen zu wollen, daß man es doch nicht könne. Denn alsdann fällt dieser Begriff aus der Moral von selbst weg (*ultra posse nemo obligatur*); mithin kann es keinen Streit der Politik, als ausübender Rechtslehre, mit der Moral, als einer solchen, aber theoretischen (mithin keinen Streit der Praxis mit der Theorie) geben: man müßte denn unter der letzteren eine allgemeine Klugheitslehre, d. i. eine Theorie der Maximen verstehen, zu seinen auf Vorteil berechneten Absichten die tauglichsten Mittel zu wählen, d. i. leugnen, daß es überhaupt eine Moral gebe.

Die Politik sagt: »Seid klug wie die Schlangen«; die Moral setzt (als einschränkende Bedingung) hinzu: »und ohne Falsch wie die Tauben.« Wenn beides nicht in einem Gebote zusammen bestehen kann, so ist wirklich ein Streit der Politik mit der Moral; soll aber doch durchaus beides vereinigt sein, so ist der Begriff vom Gegenteil absurd, und die Frage, wie jener Streit auszugleichen sei, läßt sich gar nicht einmal als Aufgabe hinstellen. Obgleich der Satz: Ehrlichkeit ist die beste Politik, eine Theorie enthält, der die Praxis, leider! sehr häufig widerspricht: so ist doch der gleichfalls theoretische: Ehrlichkeit ist besser denn alle Politik, über allen Einwurf unendlich erhaben, ja die unumgängliche Bedingung der letzteren. Der Grenzgott der Moral weicht nicht dem Jupiter (dem Grenzgott der Gewalt); denn dieser steht noch unter dem Schicksal, d. i. die Vernunft ist nicht erleuchtet genug, die Reihe der vorherbestimmenden Ursachen zu übersehen, die den glücklichen oder schlimmen Erfolg aus dem Thun und Lassen der Menschen, nach dem Mechanism der Natur, mit Sicherheit vorher verkündigen (obgleich ihn dem Wunsche gemäß hoffen) lassen. Was man aber zu tun habe, um im Gleise der Pflicht (nach Regeln der Weisheit) zu bleiben, dazu und hiemit zum Endzweck leuchtet sie uns überall hell genug vor.

Nun gründet aber der Praktiker (dem die Moral bloße Theorie ist) seine trostlose Absprechung unserer gutmüthigen Hoffnung (selbst bei eingeräumtem S o l l e n und K ö n n e n) eigentlich darauf: daß er aus der Natur des Menschen vorher zu sehen vorgibt, er w e r d e dasjenige nie wollen, was erfordert wird, um jenen zum ewigen Frieden hinführenden Zweck zu Stande zu bringen. – Freilich ist das Wollen a l l e r e i n z e l n e n Menschen, in einer gesetzlichen Verfassung nach Freiheitsprinzipien zu leben (die d i s t r i b u t i v e Einheit des Willens a l l e r), zu diesem Zweck nicht hinreichend, sondern daß alle z u s a m m e n diesen Zustand wollen (die k o l l e k t i v e Einheit des vereinigten Willens), diese Auflösung einer schweren Aufgabe, wird noch dazu erfordert, damit ein Ganzes der bürgerlichen Gesellschaft werde, und, da also über diese Verschiedenheit des particularen Wollens Aller, noch eine vereinigende Ursache desselben hinzukommen muß, um einen gemeinschaftlichen Willen herauszubringen, welches Keiner von Allen vermag: so ist in der A u s f ü h r u n g jener Idee (in der Praxis) auf keinen andern Anfang des rechtlichen Zustandes zu rechnen, als den durch G e w a l t, auf deren Zwang nachher das öffentliche Recht gegründet wird; welches dann freilich (da man ohnedem des Gesetzgebers moralische Gesinnung hiebei wenig in Anschlag bringen kann, er werde, nach geschehener Vereinigung der wüsten Menge in ein Volk, diesem es nur überlassen, eine rechtliche Verfassung durch ihren gemeinsamen Willen zu Stande zu bringen) große Abweichungen von jener Idee (der Theorie) in der wirklichen Erfahrung schon zum voraus erwarten läßt.

Da heißt es dann: wer einmal die Gewalt in Händen hat, wird sich vom Volk nicht Gesetze vorschreiben lassen. Ein Staat, der einmal im Besitz ist, unter keinen äußeren Gesetzen zu stehen, wird sich in Ansehung der Art, wie er gegen andere Staaten sein Recht suchen soll, nicht von ihrem Richterstuhl abhängig machen, und selbst ein Welttteil, wenn er sich einem andern, der ihm übrigens nicht im Wege ist, überlegen fühlt, wird das Mittel der Verstärkung seiner Macht, durch Beraubung oder gar Beherrschung desselben, nicht unbenutzt lassen; und so zerrinnen nun alle Plane der Theorie, für das Staats-, Völker- und Weltbürgerrecht, in sachleere unausführbare Ideale, dagegen eine Praxis, die auf empirische Prinzipien der menschlichen Natur gegründet ist, welche es nicht für zu niedrig hält, aus der Art, wie es in der Welt zugeht, Belehrung für ihre Maximen zu ziehen, einen sicheren Grund für ihr Gebäude der Staatsklugheit zu finden allein hoffen könne.

Freilich, wenn es keine Freiheit und darauf gegründetes moralisches Gesetz gibt, sondern alles, was geschieht oder geschehen kann, bloßer Mechanism der Natur ist, so ist Politik (als Kunst, diesen zur Regierung der Menschen zu benutzen) die ganze praktische Weisheit, und der Rechtsbegriff ein sachleerer Gedanke. Findet man diesen aber doch unumgänglich nötig, mit der Politik zu verbinden, ja ihn gar zur einschränkenden Bedingung der letzteren zu erheben, so muß die Vereinbarkeit beider eingeräumt werden. Ich kann mir nun zwar einen **moralischen Politiker**, d.i. einen, der die Prinzipien der Staatsklugheit so nimmt, daß sie mit der Moral zusammen bestehen können, aber nicht einen politischen Moralisten denken, der sich eine Moral so schmiedet, wie es der Vorteil des Staatsmanns sich zuträglich findet.

Der moralische Politiker wird es sich zum Grundsatz machen: wenn einmal Gebrechen in der Staatsverfassung oder im Staatenverhältnis angetroffen werden, die man nicht hat verhüten können, so sei es Pflicht, vornehmlich für Staatsoberhäupter, dahin bedacht zu sein, wie sie, sobald wie möglich, gebessert, und dem Naturrecht, so wie es in der Idee der Vernunft uns zum Muster vor Augen steht, angemessen gemacht werden könne: sollte es auch ihrer Selbstsucht Aufopferungen kosten. Da nun die Zerreißung eines Bandes der Staats- oder Weltbürgerlichen Vereinigung, ehe noch eine bessere Verfassung an die Stelle derselben zu treten in Bereitschaft ist, aller, hierin mit der Moral einhelligen, Staatsklugheit zuwider ist, so wäre es zwar ungereimt, zu fordern, jenes Gebrechen müsse sofort und mit Ungestüm abgeändert werden; aber daß wenigstens die Maxime der Notwendigkeit einer solchen Abänderung dem Machthabenden innigst beiwohne, um in beständiger Annäherung zu dem Zwecke (der nach Rechtsgesetzen besten Verfassung) zu bleiben, das kann doch von ihm gefordert werden. Ein Staat kann sich auch schon republikanisch regieren, wenn er gleich noch, der vorliegenden Constitution nach, despotische Herrschermacht besitzt: bis allmählig das Volk des Einflusses der bloßen Idee der Autorität des Gesetzes (gleich als ob es physische Gewalt besäße) fähig wird, und sonach zur eigenen Gesetzgebung (welche ursprünglich auf Recht gegründet ist) tüchtig befunden wird. Wenn auch durch den Ungestüm einer von der schlechten Verfassung erzeugten Revolution unrechtmäßigerweise eine gesetzmäßigere errungen wäre, so würde es doch auch alsdann nicht mehr für erlaubt gehalten werden müssen, das Volk wieder auf die alte zurück zu führen, obgleich während derselben jeder, der sich damit gewalttätig oder arglistig bemengt, mit Recht den Strafen des Aufrührers unterworfen sein würde. Was aber das äußere Staatenverhältnis betrifft, so kann von einem Staat nicht verlangt werden, daß er seine, obgleich despotische, Verfassung (die aber doch die stärkere in Beziehung auf äußere Feinde ist) ablegen solle, so lange er Gefahr läuft, von andern Staaten so fort verschlungen zu werden; mithin muß bei jenem Vorsatz doch auch die Verzögerung der Ausführung bis zu besserer Zeitgelegenheit erlaubt sein[1].

Es mag also immer sein: daß die despotisierende (in der Ausübung fehlende) Moralisten wider die Staatsklugheit (durch übereilt genommene oder angepriesene Maaßregeln) mannigfaltig verstoßen, so muß sie doch die Erfahrung, bei diesem ihrem Verstoß wider die Natur, nach und nach in ein besseres Gleis bringen; statt dessen die moralisierende Politiker, durch Beschönigung rechtswidriger Staatsprinzipien, unter dem Vorwande einer des Guten, nach der Idee, wie sie die Vernunft vorschreibt, nicht fähigen menschlichen Natur, so viel an ihnen ist, das Besserwerden unmöglich machen, und die Rechtsverletzung verewigen.

Statt der Praxis, deren sich diese staatskluge Männer rühmen, gehen sie mit Praktiken um, indem sie bloß darauf bedacht

---

[1] Dies sind Erlaubnisgesetze der Vernunft, den Stand eines mit Ungerechtigkeit behafteten öffentlichen Rechts noch so lange beharren zu lassen, bis zur völligen Umwälzung alles entweder von selbst gereift, oder durch friedliche Mittel der Reife nahe gebracht worden; weil doch irgend eine rechtliche, obzwar nur in geringem Grade rechtmäßige, Verfassung besser ist als gar keine, welches letztere Schicksal (der Anarchie) eine übereilte Reform treffen würde. – Die Staatsweisheit wird sich also in dem Zustande, worin die Dinge jetzt sind, Reformen, dem Ideal des öffentlichen Rechts angemessen, zur Pflicht machen: Revolutionen aber, wo sie die Natur von selbst herbei führt, nicht zur Beschönigung einer noch größeren Unterdrückung, sondern als Ruf der Natur benutzen, eine auf Freiheitsprinzipien gegründete gesetzliche Verfassung, als die einzige dauerhafte, durch gründliche Reform zu Stande zu bringen.

sind, dadurch, daß sie der jetzt herrschenden Gewalt zum Munde reden (um ihren Privatvorteil nicht zu verfehlen), das Volk, und, wo möglich, die ganze Welt Preis zu geben; nach der Art ächter Juristen (vom Handwerke, nicht von der Gesetzgebung), wenn sie sich bis zur Politik versteigen. Denn da dieser ihr Geschäfte nicht ist, über Gesetzgebung selbst zu vernünfteln, sondern die gegenwärtige Gebote des Landrechts zu vollziehen, so muß ihnen jede, jetzt vorhandene, gesetzliche Verfassung, und, wenn diese höhern Orts abgeändert wird, die nun folgende, immer die beste sein; wo dann alles so in seiner gehörigen mechanischen Ordnung ist. Wenn aber diese Geschicklichkeit, für alle Sättel gerecht zu sein, ihnen den Wahn einflößt, auch über Prinzipien einer Staatsverfassung überhaupt nach Rechtsbegriffen (mithin a priori, nicht empirisch) urteilen zu können: wenn sie darauf groß tun, Menschen zu kennen (welches freilich zu erwarten ist, weil sie mit vielen zu tun haben), ohne doch den Menschen, und was aus ihm gemacht werden kann, zu kennen (wozu ein höherer Standpunkt der Anthropologischen Beobachtung erfordert wird), mit diesen Begriffen aber versehen, ans Staats- und Völkerrecht, wie es die Vernunft vorschreibt, gehen: so können sie diesen Überschritt nicht anders, als mit dem Geist der Schikane tun, indem sie ihr gewohntes Verfahren (eines Mechanisms nach despotisch gegebenen Zwangsgesetzen) auch da befolgen, wo die Begriffe der Vernunft einen nur nach Freiheitsprinzipien gesetzmäßigen Zwang begründet wissen wollen, durch welchen allererst eine zu Recht beständige Staatsverfassung möglich ist; welche Aufgabe der vorgebliche Praktiker, mit Vorbeigehung jener Idee, empirisch, aus Erfahrung, wie die bisher noch am besten bestandene, mehrenteils aber rechtswidrige, Staatsverfassungen eingerichtet waren, lösen zu können glaubt. – Die Maximen, deren er sich hiezu bedient (ob er sie zwar nicht laut werden läßt), laufen ohngefähr auf folgende sophistische Maximen hinaus.

1. *Fac et excusa.* Ergreife die günstige Gelegenheit zur eigenmächtigen Besitznehmung (entweder eines Rechts des Staats über sein Volk, oder über ein anderes benachbarte); die Rechtfertigung wird sich weit leichter und zierlicher nach der Tat vortragen, und die Gewalt beschönigen lassen (vornehmlich im ersten Fall, wo die obere Gewalt im Innern so fort auch die gesetzgebende Obrigkeit ist, der man gehorchen muß, ohne darüber zu vernünfteln); als wenn man zuvor auf überzeugende Gründe sinnen, und die Gegengründe darüber noch erst abwarten wollte. Diese Dreustigkeit selbst gibt einen gewissen Anschein von innerer Überzeugung der Rechtmäßigkeit der Tat, und der Gott bonus eventus ist nachher der beste Rechtsvertreter.

2. *Si fecisti nega.* Was du selbst verbrochen hast, z. B. um dein Volk zur Verzweiflung, und so zum Aufruhr zu bringen, das läugne ab, daß es deine Schuld sei; sondern behaupte, daß es die der Widerspenstigkeit der Untertanen, oder auch, bei deiner Bemächtigung eines benachbarten Volks, die Schuld der Natur des Menschen sei, der, wenn er dem Andern nicht mit Gewalt zuvorkommt, sicher darauf rechnen kann, daß dieser ihm zuvorkommen und sich seiner bemächtigen werde.

3. *Divide et impera.* Das ist: sind gewisse privilegierte Häupter in deinem Volk, welche dich bloß zu ihrem Oberhaupt (*primus inter pares*) gewählt haben, so veruneinige jene unter einander, und entzweie sie mit dem Volk: stehe nun dem letztern, unter Vorspiegelung größerer Freiheit, bei, so wird alles von deinem unbedingten Willen abhängen. Oder sind es äußere Staaten, so ist Erregung der Mishelligkeit unter ihnen ein ziemlich sicheres Mittel, unter dem Schein des Beistandes des Schwächeren, einen nach dem andern dir zu unterwerfen.

Durch diese politische Maximen wird nun zwar niemand hintergangen; denn sie sind insgesamt schon allgemein bekannt; auch ist es mit ihnen nicht der Fall sich zu schämen, als ob die Ungerechtigkeit gar zu offenbar in die Augen leuchtete. Denn, weil sich große Mächte nie vor dem Urteil des gemeinen Haufens, sondern nur eine vor der andern schämen, was aber jene Grundsätze betrifft, nicht das Offenbarwerden, sondern nur das Mißlingen derselben sie beschämt machen kann (denn in Ansehung der Moralität der Maximen kommen sie alle unter einander überein), so bleibt ihnen immer die politische Ehre übrig, auf die sie sicher rechnen können, nämlich die der Vergrößerung ihrer Macht, auf welchem Wege sie auch erworben sein mag.[1]

---

[1] Wenn gleich eine gewisse in der menschlichen Natur gewurzelte Bösartigkeit von Menschen, die in einem Staat zusammen leben, noch bezweifelt, und, statt ihrer, der Mangel einer noch nicht weit genug fortgeschrittenen Kultur (die Rohigkeit) zur Ursache der gesetzwidrigen Erscheinungen ihrer Denkungsart mit einigem Scheine angeführt werden möchte, so fällt sie doch, im äußeren Verhältnis der Staaten gegen einander, ganz unverdeckt und unwidersprechlich in die Augen. Im Innern jedes Staats ist sie durch den Zwang der bürgerlichen Gesetze verschleiert, weil der Neigung zur wechselseitigen Gewalttätigkeit der Bürger eine größere Gewalt, nämlich die der Regierung, mächtig entgegenwirkt, und so nicht allein dem Ganzen einen moralischen Anstrich (*causae non causae*) gibt, sondern auch dadurch, daß dem Ausbruch gesetzwidriger Neigungen ein Riegel vorgeschoben wird, die Entwickelung der moralischen Anlage, zur unmittelbaren Achtung fürs Recht, wirklich viel Erleichterung bekommt. – Denn ein jeder glaubt nun von sich, daß er wohl den Rechtsbegriff heilig halten und treu befolgen würde, wenn er sich nur von jedem andern eines Gleichen gewärtigen könnte; welches letztere ihm die Regierung zum Teil sichert; wodurch dann ein großer Schritt zur Moralität (obgleich noch nicht moralischer Schritt) getan wird, diesem Pflichtbegriff auch um sein selbst willen, ohne Rücksicht auf Erwiderung, anhänglich zu sein. – Da ein jeder aber, bei seiner guten Meinung von sich selber, doch die böse Gesinnung bei allen anderen voraussetzt, so sprechen sie einander wechselseitig ihr Urteil: daß sie alle, was das Faktum betrifft, wenig taugen (woher es komme, da es doch der Natur des Menschen, als eines freien Wesens, nicht Schuld gegeben werden kann, mag unerörtert bleiben). Da aber doch auch die Achtung für den Rechtsbegriff, deren der Mensch sich schlechterdings nicht entschlagen kann, die Theorie des Vermögens, ihm angemessen zu werden,

Aus allen diesen Schlangenwendungen einer unmoralischen Klugheitslehre, den Friedenszustand unter Menschen, aus dem kriegerischen des Naturzustandes herauszubringen, erhellet wenigstens so viel: daß die Menschen, eben so wenig in ihren Privatverhältnissen, als in ihren öffentlichen, dem Rechtsbegriff entgehen können, und sich nicht getrauen, die Politik öffentlich bloß auf Handgriffe der Klugheit zu gründen, mithin dem Begriffe eines öffentlichen Rechts allen Gehorsam aufzukündigen (welches vornehmlich in dem des Völkerrechts auffallend ist), sondern ihm an sich alle gebührende Ehre wiederfahren lassen, wenn sie auch hundert Ausflüchte und Bemäntelungen aussinnen sollten, um ihm in der Praxis auszuweichen, und der verschmitzten Gewalt die Autorität anzudichten, der Ursprung und der Verband alles Rechts zu sein. – Um dieser Sophisterei (wenn gleich nicht der durch sie beschönigten Ungerechtigkeit) ein Ende zu machen, und die falsche Vertreter der Mächtigen der Erde zum Geständnisse zu bringen, daß es nicht das Recht, sondern die Gewalt sei, der sie zum Vorteil sprechen, von welcher sie, gleich als ob sie selbst hiebei was zu befehlen hätten, den Ton annehmen, wird es gut sein, das Blendwerk aufzudecken, womit man sich und andere hintergeht; das oberste Prinzip, von dem die Absicht auf den ewigen Frieden ausgeht, ausfindig zu machen und zu zeigen: daß alles das Böse, was ihm im Wege ist, davon herrühre: daß der politische Moralist da anfängt, wo der moralische Politiker billigerweise endigt, und, indem er so die Grundsätze dem Zweck unterordnet (d. i. die Pferde hinter den Wagen spannt), seine eigene Absicht vereitelt, die Politik mit der Moral in Einverständnis zu bringen.

---

auf das feierlichste sanktioniert, so sieht ein jeder, daß er seinerseits jenem gemäß handeln müsse, andere mögen es halten, wie sie wollen.

Um die praktische Philosophie mit sich selbst einig zu machen, ist nötig, zuförderst die Frage zu entscheiden: ob in Aufgaben der praktischen Vernunft vom materialen Prinzip derselben, dem Zweck (als Gegenstand der Willkür) der Anfang gemacht werden müsse, oder vom formalen, d. i. demjenigen (bloß auf Freiheit im äußern Verhältnis gestellten), darnach es heißt: handle so, daß du wollen kannst, deine Maxime solle ein allgemeines Gesetz werden (der Zweck mag sein welcher er wolle).

Ohne alle Zweifel muß das letztere Prinzip vorangehen; denn es hat, als Rechtsprinzip, unbedingte Notwendigkeit, statt dessen das erstere, nur unter Voraussetzung empirischer Bedingungen des vorgesetzten Zwecks, nämlich der Ausführung desselben, nötigend ist, und, wenn dieser Zweck (z. B. der ewige Friede) auch Pflicht wäre, so müßte doch diese selbst aus dem formalen Prinzip der Maximen äußerlich zu handeln abgeleitet worden sein. – Nun ist das erstere Prinzip, das des politischen Moralisten (das Problem des Staats-, Völker- und Weltbürgerrechts), eine bloße Kunstaufgabe (*problema technicum*), das zweite dagegen, als Prinzip des moralischen Politikers, welchem es eine sittliche Aufgabe (*problema morale*) ist, im Verfahren von dem anderen himmelweit unterschieden, um den ewigen Frieden, den man nun nicht bloß als physisches Gut, sondern auch als einen aus Pflichtanerkennung hervorgehenden Zustand wünscht, herbeizuführen.

Zur Auflösung des ersten, nämlich des Staats-Klugheitsproblems, wird viel Kenntnis der Natur erfordert, um ihren Mechanism zu dem gedachten Zweck zu benutzen, und doch ist alle diese ungewis in Ansehung ihres Resultats, den ewigen Frieden betreffend; man mag nun die eine oder die andere der drei Abteilungen des öffentlichen Rechts nehmen. Ob das Volk im Gehorsam und zugleich im Flor besser durch Strenge, oder

Lockspeise der Eitelkeit, ob durch Obergewalt eines Einzigen, oder durch Vereinigung mehrere Häupter, vielleicht auch bloß durch einen Dienstadel, oder durch Volksgewalt, im Innern, und zwar auf lange Zeit, gehalten werden könne, ist ungewis. Man hat von allen Regierungsarten (die einzige ächt-republikanische, die aber nur einem moralischen Politiker in den Sinn kommen kann, ausgenommen) Beispiele des Gegenteils in der Geschichte. – Noch ungewisser ist ein auf Statute nach Ministerialplanen vorgeblich errichtetes Völkerrecht, welches in der Tat nur ein Wort ohne Sache ist, und auf Verträgen beruht, die in demselben Akt ihrer Beschließung zugleich den geheimen Vorbehalt ihrer Übertretung enthalten. – Dagegen dringt sich die Auflösung des zweiten, nämlich des Staatsweisheitsproblems, so zu sagen, von selbst auf, ist jedermann einleuchtend, und macht alle Künstelei zu Schanden, führt dabei gerade zum Zweck; doch mit der Erinnerung der Klugheit, ihn nicht übereilterweise mit Gewalt herbei zu ziehen, sondern sich ihm, nach Beschaffenheit der günstigen Umstände, unablässig zu nähern.

Da heißt es denn: »trachtet allererst nach dem Reiche der reinen praktischen Vernunft und nach seiner Gerechtigkeit, so wird euch euer Zweck (die Wohltat des ewigen Friedens) von selbst zufallen.« Denn das hat die Moral Eigenthümliches an sich, und zwar in Ansehung ihrer Grundsätze des öffentlichen Rechts, (mithin in Beziehung auf eine a priori erkennbare Politik), daß, je weniger sie das Verhalten von dem vorgesetzten Zweck, dem beabsichtigten, es sei physischem oder sittlichem Vorteil, abhängig macht, desto mehr sie dennoch zu diesem im Allgemeinen zusammenstimmt; welches daher kömmt, weil es gerade der a priori gegebene allgemeine Wille (in einem Volk, oder im Verhältnis verschiedener Völker unter einander) ist, der allein, was unter Menschen Rechtens ist, bestimmt; diese Vereinigung des Willens Aller aber, wenn nur in der Ausübung consequent verfahren wird, auch nach dem Mechanism der Natur, zugleich die Ursache sein kann, die abgezweckte Wirkung hervorzubringen, und dem Rechtsbegriffe Effekt zu verschaffen. – So ist es z. B. ein Grundsatz der moralischen Politik: daß sich ein Volk zu einem Staat nach den alleinigen Rechtsbegriffen der Freiheit und Gleichheit vereinigen solle, und dieses Prinzip ist nicht auf Klugheit, sondern auf Pflicht gegründet. Nun mögen dagegen politische Moralisten noch so viel über den Naturmechanism einer in Gesellschaft tretenden Menschenmenge, welcher jene Grundsätze entkräftete, und ihre Absicht vereiteln werde, vernünfteln, oder auch durch Beispiele schlecht organisierter Verfassungen alter und neuer Zeiten (z. B. von Demokratien ohne Repräsentationssystem) ihre Behauptung dagegen zu beweisen suchen, so verdienen sie kein Gehör; vornehmlich, da eine solche verderbliche Theorie das Übel wohl gar selbst bewirkt, was sie vorhersagt, nach welcher der Mensch mit den übrigen lebenden Maschinen in eine Klasse geworfen wird, denen nur noch das Bewußtsein, daß sie nicht freie Wesen sind, beiwohnen dürfte, um sie in ihrem eigenen Urteil zu den elendesten unter allen Weltwesen zu machen.

Der zwar etwas renomistisch klingende, sprüchwörtlich in Umlauf gekommene, aber wahre Satz: *fiat iustitia, pereat mundus*, das heißt zu deutsch: »es herrsche Gerechtigkeit, die Schelme in der Welt mögen auch insgesammt darüber zu Grunde gehen«, ist ein wackerer, alle durch Arglist oder Gewalt vorgezeichnete krumme Wege abschneidender Rechtsgrundsatz; nur daß er nicht misverstanden, und etwa als Erlaubnis, sein eigenes Recht mit der größten Strenge zu benutzen (welches der ethischen Pflicht widerstreiten würde), sondern als Verbindlichkeit der Machthabenden, niemanden sein Recht aus Ungunst oder Mitleiden gegen Andere zu weigern oder zu schmälern, verstanden wird; wozu vorzüglich eine nach reinen Rechtsprinzipien eingerichtete innere Verfassung des Staats, dann aber auch die der Vereinigung desselben mit andern benachbarten oder auch entfernten Staaten zu einer (einem allgemeinen Staat analogischen) gesetzlichen Ausgleichung ihrer Streitigkeiten erfordert wird. – Dieser Satz will nichts anders sagen, als: die politische Maximen müssen nicht von der, aus ihrer Befolgung zu erwartenden, Wohlfahrt und Glückseligkeit eines jeden Staats, also nicht vom Zweck, den sich ein jeder derselben zum Gegenstande macht (vom Wollen), als dem obersten (aber empirischen) Prinzip der Staatsweisheit, sondern von dem reinen Begriff der Rechtspflicht (vom Sollen, dessen Prinzip a priori durch reine Vernunft gegeben ist) ausgehen, die physische Folgen daraus mögen auch sein, welche sie wollen. Die Welt wird keinesweges dadurch untergehen, daß der bösen Menschen weniger wird. Das moralisch Böse hat die von seiner Natur unabtrennliche Eigenschaft, daß es in seinen Absichten (vornehmlich in Verhältnis gegen andere Gleichgesinnete) sich selbst zuwider und zerstörend ist, und so dem (moralischen) Prinzip des Guten, wenn gleich durch langsame Fortschritte, Platz macht.

* * *

Es gibt also **objektiv** (in der Theorie) gar keinen Streit zwischen der Moral und der Politik. Dagegen **subjektiv** (in dem selbstsüchtigen Hange der Menschen, der aber, weil er nicht auf Vernunftmaximen gegründet ist, noch nicht Praxis genannt werden muß), wird und mag er immer bleiben, weil er zum Wetzstein der Tugend dient, deren wahrer Muth (nach dem Grundsatze: *tu ne cede malis, sed contra audentior ito*) in gegenwärtigem Falle nicht sowohl darin besteht, den Übeln und Aufopferungen mit festem Vorsatz sich entgegenzusetzen, welche hiebei übernommen werden müssen, sondern dem weit gefährlicheren lügenhaften und verrätherischen, aber doch vernünftelnden, die Schwäche der menschlichen Natur zur Rechtfertigung aller Übertretung vorspiegelnden bösen Prinzip in uns selbst, in die Augen zu sehen und seine Arglist zu besiegen.

In der Tat kann der politische Moralist sagen: Regent und Volk, oder Volk und Volk tun einander nicht Unrecht, wenn sie einander gewalttätig oder hinterlistig befehden, ob sie zwar überhaupt darin Unrecht tun, daß sie dem Rechtsbegriffe, der allein den Frieden auf ewig begründen könnte, alle Achtung versagen. Denn weil der eine seine Pflicht gegen den andern übertritt, der gerade eben so rechtswidrig gegen jenen gesinnt ist, so geschieht ihnen beiderseits ganz recht, wenn sie sich unter einander aufreiben, doch so, daß von dieser Rasse immer noch genug übrig bleibt, um dieses Spiel bis zu den entferntesten Zeiten nicht aufhören zu lassen, damit eine späte Nachkommenschaft an ihnen dereinst ein warnendes Beispiel nehme. Die Vorsehung im Laufe der Welt ist hiebei gerechtfertigt; denn das moralische Prinzip im Menschen erlöscht nie, die, pragmatisch, zur Ausführung der rechtlichen Ideen nach jenem Prinzip tüchtige Vernunft wächst noch dazu beständig durch immer fortschreitende Kultur, mit ihr aber auch die Schuld jener Übertretungen. Die Schöpfung allein: daß nämlich ein solcher Schlag von verderbten Wesen überhaupt hat auf Erden sein sollen, scheint durch keine Theodicee gerechtfertigt werden zu können (wenn wir annehmen, daß es mit dem Menschengeschlechte nie besser bestellt sein werde noch könne); aber dieser Standpunkt der Beurteilung ist für uns viel zu hoch, als daß wir unsere Begriffe (von Weisheit) der obersten uns unerforschlichen Macht in theoretischer Absicht unterlegen könnten. – Zu solchen verzweifelten Folgerungen werden wir unvermeidlich hingetrieben, wenn wir nicht annehmen, die reine Rechtsprinzipien haben objektive Realität, d. i. sie lassen sich ausführen;

und darnach müsse auch von Seiten des Volks im Staate, und weiterhin von Seiten der Staaten gegen einander, gehandelt werden; die empirische Politik mag auch dagegen einwenden, was sie wolle. Die wahre Politik kann also keinen Schritt tun, ohne vorher der Moral gehuldigt zu haben, und ob zwar Politik für sich selbst eine schwere Kunst ist, so ist doch Vereinigung derselben mit der Moral gar keine Kunst; denn diese haut den Knoten entzwei, den jene nicht aufzulösen vermag, sobald beide einander widerstreiten. – Das Recht dem Menschen muß heilig gehalten werden, der herrschenden Gewalt mag es auch noch so große Aufopferung kosten. Man kann hier nicht halbieren, und das Mittelding eines pragmatischbedingten Rechts (zwischen Recht und Nutzen) aussinnen, sondern alle Politik muß ihre Kniee vor dem erstern beugen, kann aber dafür hoffen, ob zwar langsam, zu der Stufe zu gelangen, wo sie beharrlich glänzen wird.

II. Von der Einhelligkeit der Politik mit der Moral nach dem transzendentalen Begriffe des öffentlichen Rechts.

Wenn ich von aller Materie des öffentlichen Rechts (nach den verschiedenen empirisch-gegebenen Verhältnissen der Menschen im Staat oder auch der Staaten unter einander), so wie es sich die Rechtslehrer gewöhnlich denken, abstrahiere, so bleibt mir noch die Form der Publizität übrig, deren Möglichkeit ein jeder Rechtsanspruch in sich enthält, weil ohne jene es keine Gerechtigkeit (die nur als öffentlich kundbar gedacht werden kann), mithin auch kein Recht, das nur von ihr erteilt wird, geben würde.

Diese Fähigkeit der Publizität muß jeder Rechtsanspruch haben, und sie kann also, da es sich ganz leicht beurteilen läßt, ob sie in einem vorkommenden Falle statt finde, d. i. ob sie sich mit den Grundsätzen des Handelnden vereinigen lasse oder nicht, ein leicht zu brauchendes, a priori in der Vernunft anzutreffendes Kriterium abgeben, im letzteren Fall die Falschheit (Rechtswidrigkeit) des gedachten Anspruchs (*praetensio iuris*), gleichsam durch ein Experiment der reinen Vernunft, so fort zu erkennen.

Nach einer solchen Abstraction von allem Empirischen, was der Begriff des Staats- und Völkerrechts enthält (dergleichen das Bösartige der menschlichen Natur ist, welches den Zwang notwendig macht), kann man folgenden Satz die transzendentale Formel des öffentlichen Rechts nennen:

»Alle auf das Recht anderer Menschen bezogene Handlungen, deren Maxime sich nicht mit der Publizität verträgt, sind unrecht.«

Dieses Prinzip ist nicht bloß als ethisch (zur Tugendlehre gehörig), sondern auch als juridisch (das Recht der Menschen angehend) zu betrachten. Denn eine Maxime, die ich nicht darf laut werden lassen, ohne dadurch meine eigene Absicht zugleich zu vereiteln, die durchaus verheimlicht werden muß, wenn sie gelingen soll, und zu der ich mich nicht öffentlich bekennen kann, ohne daß dadurch unausbleiblich der Widerstand Aller gegen meinen Vorsatz gereizt werde, kann diese notwendige und allgemeine, mithin a priori einzusehende, Gegenbearbeitung Aller gegen mich nirgend wovon anders, als von der Ungerechtigkeit her haben, womit sie jedermann bedroht. – Es ist ferner bloß negativ, d. i. es dient nur, um, vermittelst desselben, was gegen Andere nicht recht ist, zu erkennen. – Es ist gleich einem Axiom unerweislich-gewiß und überdem leicht anzuwenden, wie aus folgenden Beispielen des öffentlichen Rechts zu ersehen ist.

1. Was das Staatsrecht (*ius civitatis*), nämlich das innere betrifft: so kommt in ihm die Frage vor, welche Viele für schwer

zu beantworten halten, und die das transzendentale Prinzip der Publizität ganz leicht auflöset: »ist Aufruhr ein rechtmäßiges Mittel für ein Volk, die drückende Gewalt eines so genannten Tyrannen (*non titulo sed exercitio talis*) abzuwerfen?« Die Rechte des Volks sind gekränkt, und ihm (dem Tyrannen) geschieht kein Unrecht durch die Entthronung; daran ist kein Zweifel. Nichts desto weniger ist es doch von den Untertanen im höchsten Grade unrecht, auf diese Art ihr Recht zu suchen, und sie können eben so wenig über Ungerechtigkeit klagen, wenn sie in diesem Streit unterlägen und nachher deshalb die härteste Strafe ausstehen müßten.

Hier kann nun Vieles für und dawider vernünftelt werden, wenn man es durch eine dogmatische Deduction der Rechtsgründe ausmachen will; allein das transzendentale Prinzip der Publizität des öffentlichen Rechts kann sich diese Weitläufigkeit ersparhen. Nach demselben frägt sich vor Errichtung des bürgerlichen Vertrags das Volk selbst, ob es sich wohl getraue, die Maxime des Vorsatzes einer gelegentlichen Empörung öffentlich bekannt zu machen. Man sieht leicht ein, daß, wenn man es bei der Stiftung einer Staatsverfassung zur Bedingung machen wollte, in gewissen vorkommenden Fällen gegen das Oberhaupt Gewalt auszuüben, so müßte das Volk sich einer rechtmäßigen Macht über jenes anmaßen. Alsdann wäre jenes aber nicht das Oberhaupt, oder, wenn beides zur Bedingung der Staatserrichtung gemacht würde, so würde gar keine möglich sein, welches doch die Absicht des Volkes war. Das Unrecht des Aufruhrs leuchtet also dadurch ein, daß die Maxime desselben dadurch, daß man sich öffentlich dazu bekennte, seine eigene Absicht unmöglich machen würde. Man müßte sie also notwendig verheimlichen. – Das letztere wäre aber von Seiten des Staatsoberhaupts eben nicht notwendig. Er kann frei heraus sagen, daß er jeden Aufruhr mit dem Tode der Rädelsführer bestrafen werde, diese mögen auch immer glauben, er habe seinerseits das Fundamentalgesetz zuerst übertreten; denn wenn er sich bewußt ist, die unwiderstehliche Obergewalt zu besitzen (welches auch in jeder bürgerlichen Verfassung so angenommen werden muß, weil der, welcher nicht Macht genug hat, einen jeden im Volk gegen den andern zu schützen, auch nicht das Recht hat, ihm zu befehlen), so darf er nicht sorgen, durch die Bekanntwerdung seiner Maxime seine eigene Absicht zu vereiteln, womit auch ganz wohl zusammenhängt, daß, wenn der Aufruhr dem Volk gelänge, jenes Oberhaupt in die Stelle des Untertans zurücktreten, eben sowohl keinen Wiedererlangungsaufruhr beginnen, aber auch nicht zu befürchten haben müßte, wegen seiner vormaligen Staatsführung zur Rechenschaft gezogen zu werden.

2. Was das Völkerrecht betrifft. – Nur unter Voraussetzung irgend eines rechtlichen Zustandes (d. i. derjenigen äußeren Bedingung, unter der dem Menschen ein Recht wirklich zu Teil werden kann), kann von einem Völkerrecht die Rede sein; weil es, als ein öffentliches Recht, die Publication eines, jedem das Seine bestimmenden, allgemeinen Willens schon in seinem Begriffe enthält, und dieser status iuridicus muß aus irgend einem Vertrage hervorgehen, der nicht eben (gleich dem, woraus ein Staat entspringt,) auf Zwangsgesetze gegründet sein darf, sondern allenfalls auch der einer fortwährend-freien Assoziation sein kann, wie der oben erwähnte der Föderalität verschiedener Staaten. Denn ohne irgend einen rechtlichen Zustand, der die verschiedene (physische oder moralische) Personen tätig verknüpft, mithin im Naturstande, kann es kein anderes als bloß ein Privatrecht geben. – Hier tritt nun auch ein Streit der Politik mit der Moral (diese als Rechtslehre betrachtet) ein, wo dann jenes Kriterium der Publizität der Maximen gleichfalls seine leichte Anwendung findet, doch nur so: daß der

Vertrag die Staaten nur in der Absicht verbindet, unter einander und zusammen gegen andere Staaten sich im Frieden zu erhalten, keinesweges aber um Erwerbungen zu machen. – Da treten nun folgende Fälle der Antinomie zwischen Politik und Moral ein, womit zugleich die Lösung derselben verbunden wird.

a) »Wenn einer dieser Staaten dem andern etwas versprochen hat: es sei Hülfleistung, oder Abtretung gewisser Länder, oder Subsidien u. d. gl., frägt sich, ob er sich in einem Fall, an dem des Staats Heil hängt, vom Worthalten dadurch los machen kann, daß er sich in einer doppelten Person betrachtet wissen will, erstlich als Souverän, da er Niemanden in seinem Staat verantwortlich ist; dann aber wiederum bloß als oberster Staatsbeamte, der dem Staat Rechenschaft geben müsse: da denn der Schluß dahin ausfällt, daß, wozu er sich in der ersteren Qualität verbindlich gemacht hat, davon werde er in der zweiten losgesprochen.« – Wenn nun aber ein Staat (oder dessen Oberhaupt) diese seine Maxime laut werden ließe, so würde natürlicherweise entweder ein jeder Andere ihn fliehen, oder sich mit Anderen vereinigen, um seinen Anmaßungen zu widerstehen, welches beweiset, daß Politik mit aller ihrer Schlauigkeit auf diesen Fuß (der Offenheit) ihren Zweck selber vereiteln, mithin jene Maxime unrecht sein müsse.

b) »Wenn eine bis zur furchtbaren Größe (*potentia tremenda*) angewachsene benachbarte Macht Besorgnis erregt: kann man annehmen, sie werde, weil sie kann, auch unterdrücken wollen, und gibt das der Mindermächtigen ein Recht zum (vereinigten) Angriffe derselben, auch ohne vorhergegangene Beleidigung?« – Ein Staat, der seine Maxime hier bejahend verlautbaren wollte, würde das Übel nur noch gewisser und schneller herbeiführen. Denn die größere Macht würde der kleineren zuvorkommen, und, was die Vereinigung der letzteren betrifft, so ist das nur ein schwacher Rohrstab gegen den, der das diuide et impera zu benutzen weiß. – Diese Maxime der Staatsklugheit, öffentlich erklärt, vereitelt also notwendig ihre eigene Absicht, und ist folglich ungerecht.

c) »Wenn ein kleinerer Staat durch seine Lage den Zusammenhang eines größeren trennt, der diesem doch zu seiner Erhaltung nötig ist, ist dieser nicht berechtigt, jenen sich zu unterwerfen und mit dem seinigen zu vereinigen?« – Man sieht leicht, daß der größere eine solche Maxime ja nicht vorher müsse laut werden lassen; denn, entweder die kleinern Staaten würden sich frühzeitig vereinigen, oder andere Mächtige würden um diese Beute streiten, mithin macht sie sich durch ihre Offenheit selbst unthunlich; ein Zeichen, daß sie ungerecht ist und es auch in sehr hohem Grade sein kann; denn ein klein Object der Ungerechtigkeit hindert nicht, daß die daran bewiesene Ungerechtigkeit sehr groß sei.

3. Was das Weltbürgerrecht betrifft, so übergehe ich es hier mit Stillschweigen; weil, wegen der Analogie desselben mit dem Völkerrecht, die Maximen desselben leicht anzugeben und zu würdigen sind.

* * *

Man hat hier nun zwar an dem Prinzip der Unverträglichkeit der Maximen des Völkerrechts mit der Publizität, ein gutes Kennzeichen der Nichtübereinstimmung der Politik mit der Modal (als Rechtslehre). Nun bedarf man aber auch belehrt zu werden, welches denn die Bedingung ist, unter der ihre Maximen mit dem Recht der Völker übereinstimmen? Denn es läßt sich nicht umgekehrt schließen: daß, welche Maximen die Publizität vertragen, dieselbe darum auch gerecht sind; weil, wer die entschiedene Obermacht hat, seiner Maximen nicht heel haben darf. – Die Bedingung der Möglichkeit eines Völkerrechts überhaupt ist: daß zuvörderst ein rechtlicher Zustand existiere. Denn ohne diesen gibts kein öffentliches Recht, sondern alles Recht, was man sich außer demselben denken mag (im Naturzustande), ist bloß Privatrecht. Nun haben wir oben gesehen: daß ein föderativer Zustand der Staaten, welcher bloß die Entfernung des Krieges zur Absicht hat, der einzige, mit der Freiheit derselben vereinbare, rechtliche Zustand sei. Also ist die Zusammenstimmung der Politik mit der Moral nur in einem föderativen Verein (der also nach Rechtsprinzipien a priori gegeben und notwendig ist) möglich, und alle Staatsklugheit hat zur rechtlichen Basis die Stiftung des ersteren, in ihrem größt-möglichen Umfange, ohne welchen Zweck alle ihre Klügelei Unweisheit und verschleierte Ungerechtigkeit ist. – Diese Afterpolitik hat nun ihre Kasuistik, trotz der besten Jesuiterschule – die *reseruatio mentalis*; in Abfassung öffentlicher Verträge, mit solchen Ausdrücken, die man gelegentlich zu seinem Vorteil auslegen kann, wie man will (z. B. den Unterschied des status quo de fait und de droit); – den Probabilismus: böse Absichten an Anderen zu erklügeln, oder auch Wahrscheinlichkeiten ihres möglichen Übergewichts zum Rechtsgrunde der Untergrabung anderer friedlicher Staaten zu machen; – Endlich das *peccatum philosophicum* (*peccatillum, baggatelle*). Das Verschlingen eines kleinen Staats, wenn dadurch ein viel größerer, zum vermeintlich größern Weltbesten, gewinnt, für eine leicht-verzeihliche Kleinigkeit zu halten.[1]

Den Vorschub hiezu gibt die Zweizüngigkeit der Politik in Ansehung der Moral, einen oder den andern Zweig dersel-

---

[1] Die Belege zu solchen Maximen kann man in des Herrn Hofr. Garve Abhandlung: »über die Verbindung der Moral mit der Politik, 1788«, antreffen. Dieser würdige Gelehrte gesteht gleich zu Anfänge, eine genugtuende Antwort auf diese Frage nicht geben zu können. Aber sie dennoch gut zu heißen, ob zwar mit dem Geständnis, daß dagegen sich regende Einwürfe nicht völlig heben zu können, scheint doch eine größere Nachgiebigkeit gegen die zu sein, die sehr geneigt sind, sie zu mißbrauchen, als wohl ratsam sein möchte, einzuräumen.

ben zu ihrer Absicht zu benutzen. – Beides, die Menschenliebe und die Achtung fürs Recht der Menschen, ist Pflicht; jene aber nur bedingte, diese dagegen unbedingte, schlechthin gebietende Pflicht, welche nicht übertreten zu haben derjenige zuerst völlig versichert sein muß, der sich dem süßen Gefühl des Wohlthuns überlassen will. Mit der Moral im ersteren Sinne (als Ethik) ist die Politik leicht einverstanden, um das Recht der Menschen ihren Oberen Preis zu geben: Aber mit der in der zweiten Bedeutung (als Rechtslehre), vor der sie ihre Knie beugen müßte, findet sie es rathsam, sich gar nicht auf Vertrag einzulassen, ihr lieber alle Realität abzustreiten, und alle Pflichten auf lauter Wohlwollen auszudeuten; welche Hinterlist einer lichtscheuen Politik doch von der Philosophie durch die Publizität jener ihrer Maximen leicht vereitelt werden würde, wenn jene es nur wagen wollte, dem Philosophen die Publizität der seinigen angedeihen zu lassen.

In dieser Absicht schlage ich ein anderes transzendentales und bejahendes Prinzip des öffentlichen Rechts vor, besten Formel diese sein würde:

»Alle Maximen, die der Publizität bedürfen (um ihren Zweck nicht zu verfehlen), stimmen mit Recht und Politik vereinigt zusammen.«

Denn, wenn sie nur durch die Publizität ihren Zweck erreichen können, so müssen sie dem allgemeinen Zweck des Publicums (der Glückseligkeit) gemäß sein, womit zusammen zu stimmen (es mit seinem Zustande zufrieden zu machen), die eigentliche Aufgabe der Politik ist. Wenn aber dieser Zweck nur durch die Publizität, d. i. durch die Entfernung alles Mistrauens gegen die Maximen derselben, erreichbar sein soll, so müssen diese auch mit dem Recht des Publicums in Eintracht stehen; denn in diesem Allein ist die Vereinigung der Zwecke aller möglich. – Die weitere Ausführung und Erörterung dieses Prinzips muß ich für eine andere Gelegenheit aussetzen; nur daß es eine transzendentale Formel sei, ist aus der Entfernung aller empirischen Bedingungen (der Glückseligkeitslehre), als der Materie des Gesetzes und der bloßen Rücksicht auf die Form der allgemeinen Gesetzmäßigkeit zu ersehen.

* * *

Wenn es Pflicht, wenn zugleich gegründete Hoffnung da ist, den Zustand eines öffentlichen Rechts, obgleich nur in einer ins Unendliche fortschreitenden Annäherung wirklich zu machen, so ist der ewige Friede, der auf die bisher fälschlich so genannte Friedensschlüsse (eigentlich Waffenstillstände) folgt, keine leere Idee, sondern eine Aufgabe, die nach und nach aufgelöst, ihrem Ziele (weil die Zeilen, in denen gleiche Fortschritte geschehen, hoffentlich immer kürzer werden) beständig näher kommt.

Beantwortung der Frage:
Was ist Aufklärung?

Beantwortung der Frage: Was ist Aufklärung?

Aufklärung ist der Ausgang des Menschen aus seiner selbst verschuldeten Unmündigkeit. Unmündigkeit ist das Unvermögen, sich seines Verstandes ohne Leitung eines anderen zu bedienen. Selbstverschuldet ist diese Unmündigkeit, wenn die Ursache derselben nicht am Mangel des Verstandes, sondern der Entschließung und des Mutes liegt, sich seiner ohne Leitung eines anderen zu bedienen. Sapere aude! Habe Mut dich deines eigenen Verstandes zu bedienen! ist also der Wahlspruch der Aufklärung.

Faulheit und Feigheit sind die Ursachen, warum ein so großer Teil der Menschen, nachdem sie die Natur längst von fremder Leitung frei gesprochen (*naturaliter maiorennes*), dennoch gerne zeitlebens unmündig bleiben; und warum es Anderen so leicht wird, sich zu deren Vormündern aufzuwerfen. Es ist so bequem, unmündig zu sein. Habe ich ein Buch, das für mich Verstand hat, einen Seelsorger, der für mich Gewissen hat, einen Arzt, der für mich die Diät beurteilt, u. s. w., so brauche ich mich ja nicht selbst zu bemühen. Ich habe nicht nötig zu denken, wenn ich nur bezahlen kann; andere werden das verdrießliche Geschäft schon für mich übernehmen. Daß der bei weitem größte Teil der Menschen (darunter das ganze schöne Geschlecht) den Schritt zur Mündigkeit, außer dem daß er beschwerlich ist, auch für sehr gefährlich halte: dafür sorgen schon jene Vormünder, die die Oberaufsicht über sie gütigst auf sich genommen haben. Nachdem sie ihr Hausvieh zuerst dumm gemacht haben und sorgfältig verhüteten, daß diese ruhigen Geschöpfe ja keinen Schritt außer dem Gängelwagen, darin sie sie einsperrten, wagen durften, so zeigen sie ihnen nachher die

Gefahr, die ihnen droht, wenn sie es versuchen allein zu gehen. Nun ist diese Gefahr zwar eben so groß nicht, denn sie würden durch einigemal Fallen wohl endlich gehen lernen; allein ein Beispiel von der Art macht doch schüchtern und schreckt gemeinhin von allen ferneren Versuchen ab.

Es ist also für jeden einzelnen Menschen schwer, sich aus der ihm beinahe zur Natur gewordenen Unmündigkeit herauszuarbeiten. Er hat sie sogar lieb gewonnen und ist vor der Hand wirklich unfähig, sich seines eigenen Verstandes zu bedienen, weil man ihn niemals den Versuch davon machen ließ. Satzungen und Formeln, diese mechanischen Werkzeuge eines vernünftigen Gebrauchs oder vielmehr Mißbrauchs seiner Naturgaben, sind die Fußschellen einer immerwährenden Unmündigkeit. Wer sie auch abwürfe, würde dennoch auch über den schmalsten Graben einen nur unsicheren Sprung tun, weil er zu dergleichen freier Bewegung nicht gewöhnt ist. Daher gibt es nur Wenige, denen es gelungen ist, durch eigene Bearbeitung ihres Geistes sich aus der Unmündigkeit heraus zu wickeln und dennoch einen sicheren Gang zu tun.

Daß aber ein Publikum sich selbst aufkläre, ist eher möglich; ja es ist, wenn man ihm nur Freiheit läßt, beinahe unausbleiblich. Denn da werden sich immer einige Selbstdenkende sogar unter den eingesetzten Vormündern des großen Haufens finden, welche, nachdem sie das Joch der Unmündigkeit selbst abgeworfen haben, den Geist einer vernünftigen Schätzung des eigenen Werts und des Berufs jedes Menschen selbst zu denken um sich verbreiten werden. Besonders ist hierbei: daß das Publikum, welches zuvor von ihnen unter dieses Joch gebracht worden, sie danach selbst zwingt darunter zu bleiben, wenn es von einigen seiner Vormünder, die selbst aller Aufklärung unfähig sind, dazu aufgewiegelt worden; so schädlich ist es Vorurteile zu pflanzen, weil sie sich zuletzt an denen selbst rächen, die oder deren Vorgänger ihre Urheber gewesen sind. Daher kann ein Publikum nur langsam zur Aufklärung gelangen. durch eine Revolution wird vielleicht wohl ein Abfall von persönlichem Despotismus und gewinnsüchtiger oder herrschsüchtiger Bedrückung, aber niemals wahre Reform der Denkungsart zustande kommen; sondern neue Vorurteile werden eben sowohl als die alten zum Leitbande des gedankenlosen großen Haufens dienen.

Zu dieser Aufklärung aber wird nichts erfordert als Freiheit; und zwar die unschädlichste unter allem, was nur Freiheit heißen mag, nämlich die: von seiner Vernunft in allen Stücken öffentlichen Gebrauch zu machen. Nun höre ich aber von allen Seiten rufen: räsonniert nicht! Der Offizier sagt: räsonniert nicht, sondern exerziert! Der Finanzrat: räsonniert nicht, sondern bezahlt! Der Geistliche: räsonniert nicht, sondern glaubt! (Nur ein einziger Herr in der Welt sagt: räsonniert, so viel ihr wollt, und worüber ihr wollt; aber gehorcht!) Hier ist überall Einschränkung der Freiheit. Welche Einschränkung aber ist der Aufklärung hinderlich? welche nicht, sondern ihr wohl gar beförderlich? – Ich antworte: der öffentliche Gebrauch seiner Vernunft muß jederzeit frei sein, und der allein kann Aufklärung unter Menschen zustande bringen; der Privatgebrauch derselben aber darf öfters sehr enge eingeschränkt sein, ohne doch darum den Fortschritt der Aufklärung sonderlich zu hindern. Ich verstehe aber unter dem öffentlichen Gebrauch seiner eigenen Vernunft denjenigen, den jemand als Gelehrter von ihr vor dem ganzen Publikum der Leserwelt macht. Den Privatgebrauch nenne ich denjenigen, den er in einem gewissen ihm anvertrauten bürgerlichen Posten oder Amte von seiner Vernunft machen darf. Nun ist zu manchen Geschäften, die in das Interesse des gemeinen Wesens laufen, ein gewisser Mechanismus notwendig, vermittels dessen einige Glieder des gemeinen Wesens sich bloß passiv verhalten müssen, um durch eine künstliche Einhelligkeit von der Regierung zu öffentlichen Zwecken gerichtet, oder wenigstens von der Zerstörung dieser Zwecke abgehalten zu werden. Hier ist es nun freilich nicht erlaubt, zu räsonnieren; sondern man muß gehorchen. So fern sich aber dieser Teil der Maschine zugleich als Glied eines ganzen gemeinen Wesens, ja sogar der Weltbürgergesellschaft ansieht, mithin in der Qualität eines Gelehrten, der sich an ein Publikum im eigentlichen Verstande durch Schriften wendet: kann er allerdings räsonnieren, ohne daß dadurch die Geschäfte leiden, zu denen er zum Teile als passives Glied angesetzt ist. So würde es sehr verderblich sein, wenn ein Offizier, dem von seinen Oberen etwas anbefohlen wird, im Dienste über die Zweckmäßigkeit oder Nützlichkeit dieses Befehls laut vernünfteln wollte; er muß gehorchen. Es kann ihm aber billigermaßen nicht verwehrt werden, als Gelehrter über die Fehler im Kriegesdienste Anmerkungen zu machen und diese seinem Publikum zur Beurteilung vorzulegen. Der Bürger kann sich nicht weigern, die ihm auferlegten Abgaben zu leisten; sogar kann ein vorwitziger Tadel solcher Auflagen, wenn sie von ihm geleistet werden sollen, als ein Skandal (das allgemeine Widersetzlichkeiten veranlassen könnte) bestraft werden. Eben derselbe handelt demungeachtet der Pflicht eines Bürgers nicht entgegen, wenn er als Gelehrter wider die Unschicklichkeit oder auch Ungerechtigkeit solcher Ausschreibungen öffentlich seine Gedanken äußert. Ebenso ist ein Geistlicher verbunden, seinen Katechismusschülern und seiner Gemeinde nach dem Symbol der Kirche, der er dient, seinen Vortrag zu tun; denn er ist auf diese Bedingung angenommen worden. Aber als Gelehrter hat er volle Freiheit, ja sogar den Beruf dazu, alle seine sorgfältig geprüften und wohlmeinenden Gedanken über das Fehlerhafte in jenem Symbol und Vorschläge wegen besserer Einrichtung des Religions- und Kirchenwesens dem Publikum mitzuteilen. Es ist hiebei auch nichts, was dem Gewissen zur Last gelegt werden könnte. Denn was er infolge seines Amts als Geschäftträger der Kirche lehrt, das stellt er als etwas vor, in Ansehung dessen er nicht freie Gewalt hat nach eigenem Gutdünken zu lehren, sondern das er nach Vorschrift und im Namen eines anderen vorzutragen angestellt ist. Er wird sagen: unsere Kirche lehrt dieses oder jenes; das sind die Beweisgründe, deren sie sich bedient. Er zieht alsdann allen praktischen Nutzen für seine Gemeinde aus Satzungen, die er selbst nicht mit voller Überzeugung unterschreiben würde, zu deren Vortrag er sich gleichwohl anheischig machen kann, weil es doch nicht ganz unmöglich ist, daß darin Wahrheit verborgen läge, auf alle Fälle aber wenigstens doch nichts der inneren Religion Widersprechendes darin angetroffen wird. Denn glaubte er das letztere darin zu finden, so würde er sein Amt mit Gewissen nicht verwalten können; er müßte es niederlegen. Der Gebrauch also, den ein angestellter Lehrer von seiner Vernunft vor seiner Gemeinde macht, ist bloß ein Privatgebrauch; weil diese immer nur eine häusliche, obwohl noch so große Versammlung ist; und in Ansehung dessen ist er als Priester nicht frei und darf es auch nicht sein, weil er einen fremden Auftrag ausrichtet. Dagegen als Gelehrter, der durch Schriften zum eigentlichen Publikum, nämlich der Welt, spricht, mithin der Geistliche im öffentlichen Gebrauche seiner Vernunft genießt einer uneingeschränkte Freiheit, sich seiner eigenen Vernunft zu bedienen und in seiner eigenen Person zu sprechen. Denn daß die Vormünder des Volks (in geistlichen Dingen) selbst wieder unmündig sein sollen, ist eine Ungereimtheit, die auf Verewigung der Ungereimtheiten hinausläuft.

Aber sollte nicht eine Gesellschaft von Geistlichen, etwa eine Kirchenversammlung, oder eine ehrwürdige Classis (wie sie sich unter den Holländern selbst nennt), berechtigt sein, sich eidlich untereinander auf ein gewisses unveränderliches Symbol zu verpflichten, um so eine unaufhörliche Obervormundschaft über jedes ihrer Glieder und vermittels ihrer über das Volk zu führen und diese sogar zu verewigen? Ich sage: das ist ganz unmöglich. Ein solcher Kontrakt, der auf immer alle weitere Aufklärung vom Menschengeschlechte abzuhalten geschlossen würde, ist schlechterdings null und nichtig; und sollte er auch durch die oberste Gewalt, durch Reichstage und die feierlichsten Friedensschlüsse bestätigt sein. Ein Zeitalter kann sich nicht verbünden und darauf verschwören, das folgende in einen Zustand zu setzen, darin es ihm unmöglich werden muß, seine (vornehmlich so sehr angelegentliche) Erkenntnisse zu erweitern, von Irrtümern zu reinigen und überhaupt in der Aufklärung weiter zu schreiten. Das wäre ein Verbrechen wider die menschliche Natur, deren ursprüngliche Bestimmung gerade in diesem Fortschreiten besteht; und die Nachkommen sind also vollkommen dazu berechtigt, jene Beschlüsse, als unbefugter und frevelhafter Weise genommen, zu verwerfen. Der Probierstein alles dessen, was über ein Volk als Gesetz beschlossen werden kann, liegt in der Frage: ob ein Volk sich selbst wohl ein solches Gesetz auferlegen könnte. Nun wäre dieses wohl gleichsam in der Erwartung eines besseren auf eine bestimmte kurze Zeit möglich, um eine gewisse Ordnung einzuführen: indem man es zugleich jedem der Bürger, vornehmlich dem Geistlichen frei ließe, in der Qualität eines Gelehrten öffentlich, d.i. durch Schriften, über das Fehlerhafte der dermaligen Einrichtung seine Anmerkungen zu machen, indessen die eingeführte Ordnung noch immer fortdauerte, bis die Einsicht in die Beschaffenheit dieser Sachen öffentlich so weit gekommen und bewährt worden, daß sie durch Vereinigung ihrer Stimmen (wenngleich nicht aller) einen Vorschlag vor den Thron bringen könnte, um diejenigen Gemeinden in Schutz zu nehmen, die sich etwa nach ihren Begriffen der besseren Einsicht zu einer veränderten Religionseinrichtung geeinigt hätten, ohne doch diejenigen zu hindern, die es beim Alten wollten bewenden lassen. Aber auf eine beharrliche, von Niemanden öffentlich zu bezweifelnde Religionsverfassung auch nur binnen der Lebensdauer eines Menschen sich zu einigen und dadurch einen Zeitraum in dem Fortgange der Menschheit zur Verbesserung gleichsam zu vernichten und fruchtlos, dadurch aber wohl gar der Nachkommenschaft nachteilig zu machen, ist schlechterdings unerlaubt. Ein Mensch kann zwar für seine Person und auch alsdann nur auf einige Zeit in dem, was ihm zu wissen obliegt, die Aufklärung aufschieben; aber auf sie Verzicht zu tun, es sei für seine Person, mehr aber noch für die Nachkommenschaft, heißt die heiligen Rechte der Menschheit verletzen und mit Füßen treten. Was aber nicht einmal ein Volk über sich selbst beschließen darf, das darf noch weniger ein Monarch über das Volk beschließen; denn sein gesetzgebendes Ansehen beruht eben darauf, daß er den gesamten Volkswillen in dem seinigen vereinigt. Wenn er nur darauf sieht, daß alle wahre oder vermeintliche Verbesserung mit der bürgerlichen Ordnung zusammen bestehe: so kann er seine Untertanen übrigens nur selbst machen lassen, was sie um ihres Seelenheils willen zu tun nötig finden; das geht ihn nichts an, wohl aber zu verhüten, daß nicht einer den andern gewalttätig hindere, an der Bestimmung und Beförderung desselben nach allem seinem Vermögen zu arbeiten. Es tut selbst seiner Majestät Abbruch, wenn er sich hier einmischt, indem er die Schriften, wodurch seine Untertanen ihre Einsichten ins Reine zu bringen suchen, seiner Regierungsaufsicht würdigt, sowohl wenn er dieses aus eigener höchster Einsicht tut, wo er sich dem Vorwurfe aussetzt: *Caesar non est supra grammaticos* [das Staatsoberhaupt steht nicht über den Gelehrten], als auch und noch weit mehr, wenn er seine oberste Gewalt so weit erniedrigt, den geistlichen Despotismus einiger Tyrannen in seinem Staate gegen seine übrigen Untertanen zu unterstützen.

Wenn denn nun gefragt wird: Leben wir jetzt in einem aufgeklärten Zeitalter? so ist die Antwort: Nein, aber wohl in einem Zeitalter der Aufklärung. Daß die Menschen, wie die Sachen jetzt stehen, im Ganzen genommen, schon imstande wären, oder darin auch nur gesetzt werden könnten, in Religionsdingen sich ihres eigenen Verstandes ohne Leitung eines Anderen sicher und gut zu bedienen, daran fehlt noch sehr viel. Allein daß jetzt ihnen doch das Feld geöffnet wird, sich dahin frei zu bearbeiten, und die Hindernisse der allgemeinen Aufklärung, oder des Ausganges aus ihrer selbst verschuldeten Unmündigkeit allmählich weniger werden, davon haben wir doch deutliche Anzeigen. In diesem Betracht ist dieses Zeitalter das Zeitalter der Aufklärung, oder das Jahrhundert Friederichs.

Ein Fürst, der es seiner nicht unwürdig findet, zu sagen: daß er es für Pflicht halte, in Religionsdingen den Menschen nichts vorzuschreiben, sondern ihnen darin volle Freiheit zu lassen, der also selbst den hochmütigen Namen der Toleranz von sich ablehnt, ist selbst aufgeklärt und verdient von der dankbaren Welt und Nachwelt als derjenige gepriesen zu werden, der zuerst das menschliche Geschlecht der Unmündigkeit wenigstens von Seiten der Regierung entschlug und Jedem frei ließ, sich in allem, was Gewissensangelegenheit ist, seiner eigenen Vernunft zu bedienen. Unter ihm dürfen verehrungswürdige Geistliche unbeschadet ihrer Amtspflicht ihre vom angenommenen Symbol hier oder da abweichenden Urteile und Einsichten in der Qualität der Gelehrten frei und öffentlich der Welt zur Prüfung darlegen; noch mehr aber jeder andere, der durch keine Amtspflicht eingeschränkt ist. Dieser Geist der Freiheit breitet sich außerhalb aus, selbst da, wo er mit äußeren Hindernissen einer sich selbst mißverstehenden Regierung zu ringen hat. Denn es leuchtet dieser doch ein Beispiel vor, daß bei Freiheit für die öffentliche Ruhe und Einigkeit des gemeinen Wesens nicht das Mindeste zu besorgen sei. Die Menschen arbeiten sich von selbst nach und nach aus der Roheit heraus, wenn man nur nicht absichtlich künstelt, um sie darin zu erhalten.

Ich habe den Hauptpunkt der Aufklärung, d.i. des Ausgangs der Menschen aus ihrer selbst verschuldeten Unmündigkeit, vorzüglich in Religionssachen gesetzt: weil in Ansehung der Künste und Wissenschaften unsere Beherrscher kein Interesse haben, den Vormund über ihre Untertanen zu spielen; überdem auch jene Unmündigkeit, so wie die schädlichste, also auch die entehrendste unter allen ist. Aber die Denkungsart eines Staatsoberhaupts, der die erstere begünstigt, geht noch weiter und sieht ein: daß selbst in Ansehung seiner Gesetzgebung es ohne Gefahr sei, seinen Untertanen zu erlauben, von ihrer eigenen Vernunft öffentlichen Gebrauch zu machen und ihre Gedanken über eine bessere Abfassung derselben sogar mit einer freimütigen Kritik der schon gegebenen der Welt öffentlich vorzulegen; davon wir ein glänzendes Beispiel haben, wodurch noch kein Monarch demjenigen vorging, welchen wir verehren.

Aber auch nur derjenige, der, selbst aufgeklärt, sich nicht vor Schatten fürchtet, zugleich aber ein wohldiszipliniertes zahlreiches Heer zum Bürgen der öffentlichen Ruhe zur Hand hat, kann das sagen, was ein Freistaat nicht wagen darf: räsonniert, soviel ihr wollt, und worüber ihr wollt; nur gehorcht! So zeigt sich hier ein befremdlicher, nicht erwarteter Gang menschlicher Dinge; so wie auch sonst, wenn man ihn im Großen betrachtet, darin fast alles paradox ist. Ein größerer Grad bürgerlicher Freiheit scheint der Freiheit des Geistes des

Volks vorteilhaft und setzt ihr doch unübersteigliche Schranken; ein Grad weniger von jener verschafft hingegen diesem Raum, sich nach allem seinem Vermögen auszubreiten. Wenn denn die Natur unter dieser harten Hülle den Keim, für den sie am zärtlichsten sorgt, nämlich den Hang und Beruf zum **freien Denken**, ausgewickelt hat: so wirkt dieser allmählig zurück auf die Sinnesart des Volks (wodurch dieses der **Freiheit zu handeln** nach und nach fähiger wird) und endlich auch sogar auf die Grundsätze der **Regierung**, die es ihr selbst zuträglich findet, den Menschen, der nun **mehr als Maschine** ist, seiner Würde gemäß zu behandeln.[1]

Königsberg in Preußen, den 30. September 1784

I. Kant

---

[1] In den Büschingschen wöchentlichen Nachrichten vom 13. Sept. lese ich heute den 30sten eben dess. die Anzeige der Berlinischen Monatsschrift von diesem Monat, worin des Herrn Mendelssohn Beantwortung eben derselben Frage angeführt wird. Mir ist sie noch nicht zu Händen gekommen; sonst würde sie die gegenwärtige zurückgehalten haben, die jetzt nur zum Versuche da stehen mag, wiefern der Zufall Einstimmigkeit der Gedanken zuwege bringen könne.

Idee zu einer allgemeinen Geschichte in weltbürgerlicher Absicht

Idee zu einer allgemeinen Geschichte in weltbürgerlicher Absicht[1]

Was man sich auch in metaphysischer Absicht für einen Begriff von der Freiheit des Willens machen mag: so sind doch die Erscheinungen desselben, die menschlichen Handlungen, eben so wohl als jede andere Naturbegebenheit nach allgemeinen Naturgesetzen bestimmt. Die Geschichte, welche sich mit der Erzählung dieser Erscheinungen beschäftigt, so tief auch deren Ursachen verborgen sein mögen, läßt dennoch von sich hoffen: daß, wenn sie das Spiel der Freiheit des menschlichen Willens im Großen betrachtet, sie einen regelmäßigen Gang derselben entdecken könne; und daß auf die Art, was an einzelnen Subjecten verwickelt und regellos in die Augen fällt, an der ganzen Gattung doch als eine stetig fortgehende, obgleich langsame Entwickelung der ursprünglichen Anlagen derselben werde erkannt werden können. So scheinen die Ehen, die daher kommenden Geburten und das Sterben, da der freie Wille des Menschen auf sie so großen Einfluß hat, keiner Regel unterworfen zu sein, nach welcher man die Zahl derselben zum voraus durch Rechnung bestimmen könne; und doch beweisen die jährlichen Tafeln derselben in großen Ländern, daß sie eben so wohl nach beständigen Naturgesetzen geschehen, als die so unbeständigen Witterungen, deren Eräugnis man einzeln nicht vorher bestimmen kann, die aber im Ganzen nicht ermangeln den Wachstum der Pflanzen, den Lauf der Ströme und andere Naturanstalten in einem gleichförmigen, ununterbrochenen

---

[1] Eine Stelle unter den kurzen Anzeigen des zwölften Stücks der Gothaischen gel. Zeit. d. J., die ohne Zweifel aus meiner Unterredung mit einem durchreisenden Gelehrten genommen worden, nötigt mir diese Erläuterung ab, ohne die jene keinen begreiflichen Sinn haben würde.

Gange zu erhalten. Einzelne Menschen und selbst ganze Völker denken wenig daran, daß, indem sie, ein jedes nach seinem Sinne, und einer oft wider den anderen, ihre eigene Absicht verfolgen, sie unbemerkt an der Naturabsicht, die ihnen selbst unbekannt ist, als an einem Leitfaden fortgehen und an derselben Beförderung arbeiten, an welcher, selbst wenn sie ihnen bekannt würde, ihnen doch wenig gelegen sein würde.

Da die Menschen in ihren Bestrebungen nicht bloß instinktmäßig wie Tiere und doch auch nicht wie vernünftige Weltbürger nach einem verabredeten Plane im Ganzen verfahren: so scheint auch keine planmäßige Geschichte (wie etwa von den Bienen oder den Bibern) von ihnen möglich zu sein. Man kann sich eines gewissen Unwillens nicht erwehren, wenn man ihr Tun und Lassen auf der großen Weltbühne aufgestellt sieht und bei hin und wieder anscheinender Weisheit im Einzelnen doch endlich alles im Großen aus Thorheit, kindischer Eitelkeit, oft auch aus kindischer Bosheit und Zerstörungssucht zusammengewebt findet: wobei man am Ende nicht weiß, was man sich von unserer auf ihre Vorzüge so eingebildeten Gattung für einen Begriff machen soll. Es ist hier keine Auskunft für den Philosophen, als daß, da er bei Menschen und ihrem Spiele im Großen gar keine vernünftige eigene Absicht voraussetzen kann, er versuche, ob er nicht eine Naturabsicht in diesem widersinnigen Gange menschlicher Dinge entdecken könne; aus welcher von Geschöpfen, die ohne eigenen Plan verfahren, dennoch eine Geschichte nach einem bestimmten Plane der Natur möglich sei. – Wir wollen sehen, ob es uns gelingen werde, einen Leitfaden zu einer solchen Geschichte zu finden, und wollen es dann der Natur überlassen, den Mann hervorzubringen, der im Stande ist, sie danach abzufassen. So brachte sie einen Kepler hervor, der die exzentrischen Bahnen der Planeten auf eine unerwartete Weise bestimmten Gesetzen unterwarf, und einen Newton, der diese Gesetze aus einer allgemeinen Naturursache erklärte.

Erster Satz

Alle Naturanlagen eines Geschöpfes sind bestimmt, sich einmal vollständig und zweckmäßig auszuwikkeln. Bei allen Tieren bestätigt dieses die äußere sowohl, als innere oder zergliedernde Beobachtung. Ein Organ, das nicht gebraucht werden soll, eine Anordnung, die ihren Zweck nicht erreicht, ist ein Widerspruch in der teleologischen Naturlehre. Denn wenn wir von jenem Grundsatze abgehen, so haben wir nicht mehr eine gesetzmäßige, sondern eine zwecklos spielende Natur; und das trostlose Ungefähr tritt an die Stelle des Leitfadens der Vernunft.

Zweiter Satz

Am Menschen (als dem einzigen vernünftigen Geschöpf auf Erden) sollten sich diejenigen Naturanlagen, die auf den Gebrauch seiner Vernunft abgezielt sind, nur in der Gattung, nicht aber im Individuum vollständig entwickeln. Die Vernunft in einem Geschöpfe ist ein Vermögen, die Regeln und Absichten des Gebrauchs aller seiner Kräfte weit über den Naturinstinct zu erweitern, und kennt keine Grenzen ihrer Entwürfe. Sie wirkt aber selbst nicht instinctmäßig, sondern bedarf Versuche, Übung und Unterricht, um von einer Stufe der Einsicht zur andern allmählig fortzuschreiten. Daher würde ein jeder Mensch unmäßig lange leben müssen, um zu lernen, wie er von allen seinen Naturanlagen einen vollständigen Gebrauch machen solle; oder wenn die Natur seine Lebensfrist nur kurz angesetzt hat (wie es wirklich geschehen ist), so bedarf sie einer vielleicht unabsehlichen Reihe von Zeugungen, deren eine der andern ihre Aufklärung überliefert, um endlich ihre Keime in unserer Gattung zu derjenigen Stufe der Entwicklung zu treiben, welche ihrer Absicht vollständig angemessen ist. Und dieser Zeitpunkt muß wenigstens in der Idee des Menschen das Ziel seiner Bestrebungen sein, weil sonst die Naturanlagen größtenteils als vergeblich und zwecklos angesehen werden müßten; welches alle praktischen Prinzipien aufheben und dadurch die Natur, deren Weisheit in Beurteilung aller übrigen Anstalten sonst zum Grundsatze dienen muß, am Menschen allein eines kindischen Spiels verdächtig machen würde.

Dritter Satz

Die Natur hat gewollt: daß der Mensch alles, was über die mechanische Anordnung seines tierischen Daseins geht, gänzlich aus sich selbst herausbringe und keiner anderen Glückseligkeit oder Vollkommenheit teilhaftig werde, als die er sich selbst frei von Instinct, durch eigene Vernunft, verschafft hat. Die Natur tut nämlich nichts überflüssig und ist im Gebrauche der Mittel zu ihren Zwecken nicht verschwenderisch. Da sie dem Menschen Vernunft und darauf sich gründende Freiheit des Willens gab, so war das schon eine klare Anzeige ihrer Absicht in Ansehung seiner Ausstattung. Er sollte nämlich nun nicht durch Instinct geleitet, oder durch anerschaffene Kenntniß versorgt und unterrichtet sein; er sollte vielmehr alles aus sich selbst herausbringen. Die Erfindung seiner Nahrungsmittel, seiner Bedeckung, seiner äußeren Sicherheit und Verteidigung (wozu sie ihm weder die Hörner des Stiers, noch die Klauen des Löwen, noch das Gebiß des Hundes, sondern bloß Hände gab), alle Ergötzlichkeit, die das Leben angenehm machen kann, selbst seine Einsicht und Klugheit und sogar die Gutartigkeit seines Willens sollten gänzlich sein eigen Werk sein. Sie scheint sich hier in ihrer größten Sparsamkeit selbst gefallen zu haben und ihre tierische Ausstattung so knapp, so genau auf das höchste Bedürfniß einer anfänglichen Existenz abgemessen zu haben, als wollte sie: der Mensch sollte, wenn er sich aus der größten Rohigkeit dereinst zur größten Geschicklichkeit, innerer Vollkommenheit der Denkungsart und (so viel auf Erden möglich ist) dadurch zur Glückseligkeit empor gearbeitet haben würde, hievon das Verdienst ganz allein haben und es sich selbst nur verdanken dürfen; gleich als habe sie es mehr auf seine vernünftige Selbstschätzung, als auf ein Wohlbefinden angelegt. Denn in diesem Gange der menschlichen Angelegenheit ist ein ganzes Heer von Mühseligkeiten, die den Menschen erwarten. Es scheint aber der Natur darum gar nicht zu thun gewesen zu sein, daß er wohl lebe; sondern daß er sich so weit hervorarbeite, um sich durch sein Verhalten des Lebens und des Wohlbefindens würdig zu machen. Befremdend bleibt es immer hiebei: daß die ältern Generationen nur scheinen um der spätern willen ihr mühseliges Geschäft zu treiben, um nämlich diesen eine Stufe zu bereiten, von der diese das Bauwerk, welches die Natur zur Absicht hat, höher bringen könnten; und daß doch nur die spätesten das Glück haben sollen, in dem Gebäude zu wohnen, woran eine lange Reihe ihrer Vorfahren (zwar freilich ohne ihre Absicht) gearbeitet hatten, ohne doch selbst an dem Glück, das sie vorbereiteten, Anteil nehmen zu können. Allein so räthselhaft dieses auch ist, so notwendig ist es doch zugleich, wenn man einmal annimmt: eine Tiergattung soll Vernunft haben und als Klasse vernünftiger Wesen, die insgesamt sterben, deren Gattung aber unsterblich ist, dennoch zu einer Vollständigkeit der Entwickelung ihrer Anlagen gelangen.

Vierter Satz

Das Mittel, dessen sich die Natur bedient, die Entwickelung aller ihrer Anlagen zu Stande zu bringen, ist der Antagonism derselben in der Gesellschaft, so fern dieser doch am Ende die Ursache einer gesetzmäßigen Ordnung derselben wird. Ich verstehe hier unter dem Antagonism die **ungesellige Geselligkeit** des Menschen, d. i. den Hang derselben in Gesellschaft zu treten, der doch mit einem durchgängigen Widerstande, welcher diese Gesellschaft beständig zu trennen droht, verbunden ist. Hiezu liegt die Anlage offenbar in der menschlichen Natur. Der Mensch hat eine Neigung sich zu **vergesellschaften**: weil er in einem solchen Zustande sich mehr als Mensch, d. i. die Entwicklung seiner Naturanlagen, fühlt. Er hat aber auch einen großen Hang sich zu **vereinzelnen** (isoliren): weil er in sich zugleich die ungesellige Eigenschaft antrifft, alles bloß nach seinem Sinne richten zu wollen, und daher allerwärts Widerstand erwartet, so wie er von sich selbst weiß, daß er seinerseits zum Widerstande gegen andere geneigt ist. Dieser Widerstand ist es nun, welcher alle Kräfte des Menschen erweckt, ihn dahin bringt seinen Hang zur Faulheit zu überwinden und, getrieben durch Ehrsucht, Herrschsucht oder Habsucht, sich einen Rang unter seinen Mitgenossen zu verschaffen, die er nicht wohl leiden, von denen er aber auch nicht lassen kann. Da geschehen nun die ersten wahren Schritte aus der Rohigkeit zur Kultur, die eigentlich in dem gesellschaftlichen Werth des Menschen besteht; da werden alle Talente nach und nach entwickelt, der Geschmack gebildet und selbst durch fortgesetzte Aufklärung der Anfang zur Gründung einer Denkungsart gemacht, welche die grobe Naturanlage zur sittlichen Unterscheidung mit der Zeit in bestimmte praktische Principien und so eine pathologisch-abgedrungene Zusammenstimmung zu einer Gesellschaft endlich in ein **moralisches** Ganze verwandeln kann. Ohne jene an sich zwar eben nicht liebenswürdige Eigenschaften der Ungeselligkeit, woraus der Widerstand entspringt, den jeder bei seinen selbstsüchtigen Anmaßungen notwendig antreffen muß, würden in einem arkadischen Schäferleben bei vollkommener Eintracht, Genügsamkeit und Wechselliebe alle Talente auf ewig in ihren Keimen verborgen bleiben: die Menschen, gutartig wie die Schafe, die sie weiden, würden ihrem Dasein kaum einen größeren Werth verschaffen, als dieses ihr Hausvieh hat; sie würden das Leere der Schöpfung in Ansehung ihres Zwecks, als vernünftige Natur, nicht ausfüllen. Dank sei also der Natur für die Unvertragsamkeit, für die mißgünstig wetteifernde Eitelkeit, für die nicht zu befriedigende Begierde zum Haben oder auch zum Herrschen! Ohne sie würden alle vortreffliche Naturanlagen in der Menschheit ewig unentwickelt schlummern. Der Mensch will Eintracht; aber die Natur weiß besser, was für seine Gattung gut ist: sie will Zwietracht. Er will gemächlich und vergnügt leben; die Natur will aber, er soll aus der Lässigkeit und untätigen Genügsamkeit hinaus sich in Arbeit und Mühseligkeiten stürzen, um dagegen auch Mittel auszufinden, sich klüglich wiederum aus den letztern heraus zu ziehen. Die natürlichen Triebfedern dazu, die Quellen der Ungeselligkeit und des durchgängigen Widerstandes, woraus so viele Übel entsprangen, die aber doch auch wieder zur neuen Anspannung der Kräfte, mithin zu mehrerer Entwickelung der Naturanlagen antreiben, verrathen also wohl die Anordnung eines weisen Schöpfers; und nicht etwa die Hand eines bösartigen Geistes, der in seine herrliche Anstalt gepfuscht oder sie neidischer Weise verderbt habe.

Fünfter Satz

Das größte Problem für die Menschengattung, zu dessen Auflösung die Natur ihn zwingt, ist die Erreichung einer allgemein das Recht verwaltenden bürgerlichen Gesellschaft. Da nur in der Gesellschaft und zwar derjenigen, die die größte Freiheit, mithin einen durchgängigen Antagonism ihrer Glieder und doch die genauste Bestimmung und Sicherung der Grenzen dieser Freiheit hat, damit sie mit der Freiheit anderer bestehen könne, – da nur in ihr die höchste Absicht der Natur, nämlich die Entwickelung aller ihrer Anlagen, in der Menschheit erreicht werden kann, die Natur auch will, daß sie diesen so wie alle Zwecke ihrer Bestimmung sich selbst verschaffen solle: so muß eine Gesellschaft, in welcher Freiheit unter äußeren Gesetzen im größtmöglichen Grade mit unwiderstehlicher Gewalt verbunden angetroffen wird, d.i. eine vollkommen gerechte bürgerliche Verfassung, die höchste Aufgabe der Natur für die Menschengattung sein, weil die Natur nur vermittelst der Auflösung und Vollziehung derselben ihre übrigen Absichten mit unserer Gattung erreichen kann. In diesen Zustand des Zwanges zu treten, zwingt den sonst für ungebundene Freiheit so sehr eingenommenen Menschen die Not; und zwar die größte unter allen, nämlich die, welche sich Menschen unter einander selbst zufügen, deren Neigungen es machen, daß sie in wilder Freiheit nicht lange neben einander bestehen können. Allein in einem solchen Gehege, als bürgerliche Vereinigung ist, thun eben dieselben Neigungen hernach die beste Wirkung: so wie Bäume in einem Walde eben dadurch, daß ein jeder dem andern Luft und Sonne zu benehmen sucht, einander nötigen beides über sich zu suchen und dadurch einen schönen geraden Wuchs bekommen; statt daß die, welche in Freiheit und von einander abgesondert ihre Äste nach Wohlgefallen treiben, krüppelig, schief und krumm wachsen. Alle Kultur und Kunst, welche die Menschheit ziert, die schönste gesellschaftliche Ordnung sind Früchte der Ungeselligkeit, die durch sich selbst genötigt wird sich zu disziplinieren und so durch abgedrungene Kunst die Keime der Natur vollständig zu entwickeln.

Sechster Satz

Dieses Problem ist zugleich das schwerste und das, welches von der Menschengattung am spätesten aufgelöset wird. Die Schwierigkeit, welche auch die bloße Idee dieser Aufgabe schon vor Augen legt, ist diese: der Mensch ist ein Tier, das, wenn es unter andern seiner Gattung lebt, einen Herrn nötig hat. Denn er mißbraucht gewiß seine Freiheit in Ansehung anderer Seinesgleichen; und ob er gleich als vernünftiges Geschöpf ein Gesetz wünscht, welches der Freiheit Aller Schranken setze: so verleitet ihn doch seine selbstsüchtige tierische Neigung, wo er darf, sich selbst auszunehmen. Er bedarf also einen Herrn, der ihm den eigenen Willen breche und ihn nötige, einem allgemeingültigen Willen, dabei jeder frei sein kann, zu gehorchen. Wo nimmt er aber diesen Herrn her? Nirgend anders als aus der Menschengattung. Aber dieser ist eben so wohl ein Tier, das einen Herrn nötig hat. Er mag es also anfangen, wie er will; so ist nicht abzusehen, wie er sich ein Oberhaupt der öffentlichen Gerechtigkeit verschaffen könne, das selbst gerecht sei; er mag dieses nun in einer einzelnen Person, oder in einer Gesellschaft vieler dazu auserlesener Personen suchen. Denn jeder derselben wird immer seine Freiheit mißbrauchen, wenn er keinen über sich hat, der nach den Gesetzen über ihn Gewalt ausübt. Das höchste Oberhaupt soll aber gerecht für sich selbst und doch ein Mensch sein.

Diese Aufgabe ist daher die schwerste unter allen; ja ihre vollkommene Auflösung ist unmöglich; aus so krummem Holze, als woraus der Mensch gemacht ist, kann nichts ganz Gerades gezimmert werden. Nur die Annäherung zu dieser Idee ist uns von der Natur auferlegt.[1] Daß sie auch diejenige sei, welche am spätesten ins Werk gerichtet wird, folgt überdem auch daraus: daß hiezu richtige Begriffe von der Natur einer möglichen Verfassung, große durch viel Weltläufe geübte Erfahrenheit und über alles ein zur Annehmung derselben vorbereiteter guter Wille erfordert wird; drei solche Stücke aber sich sehr schwer und, wenn es geschieht, nur sehr spät, nach viel vergeblichen Versuchen, einmal zusammen finden können.

Siebenter Satz

Das Problem der Errichtung einer vollkommnen bürgerlichen Verfassung ist von dem Problem eines gesetzmäßigen äußeren Staatsverhältnisses abhängig und kann ohne das letztere nicht aufgelöst werden. Was hilft's, an einer gesetzmäßigen bürgerlichen Verfassung unter einzelnen Menschen, d.i. an der Anordnung eines gemeinen Wesens, zu arbeiten? Dieselbe Ungeselligkeit, welche die Menschen hiezu nötigte, ist wieder die Ursache, daß ein jedes gemeine Wesen in äußerem Verhältnisse, d.i. als ein Staat in Beziehung auf Staaten, in ungebundener Freiheit steht, und folglich einer von dem andern eben die Übel erwarten

---

[1] Die Rolle des Menschen ist also sehr künstlich. Wie es mit den Einwohnern anderer Planeten und ihrer Natur beschaffen sei, wissen wir nicht; wenn wir aber diesen Auftrag der Natur gut ausrichten, so können wir uns wohl schmeicheln, daß wir unter unseren Nachbaren im Weltgebäude einen nicht geringen Rang behaupten dürften. Vielleicht mag bei diesen ein jedes Individuum seine Bestimmung in seinem Leben völlig erreichen. Bei uns ist es anders; nur die Gattung kann dieses hoffen.

muß, die die einzelnen Menschen drückten und sie zwangen in einen gesetzmäßigen bürgerlichen Zustand zu treten. Die Natur hat also die Unvertragsamkeit der Menschen, selbst der großen Gesellschaften und Staatskörper dieser Art Geschöpfe wieder zu einem Mittel gebraucht, um in dem unvermeidlichen Antagonism derselben einen Zustand der Ruhe und Sicherheit auszufinden; d. i. sie treibt durch die Kriege, durch die überspannte und niemals nachlassende Zurüstung zu denselben, durch die Not, die dadurch endlich ein jeder Staat selbst mitten im Frieden innerlich fühlen muß, zu anfänglich unvollkommenen Versuchen, endlich aber nach vielen Verwüstungen, Umkippungen und selbst durchgängiger innerer Erschöpfung ihrer Kräfte zu dem, was ihnen die Vernunft auch ohne so viel traurige Erfahrung hätte sagen können, nämlich: aus dem gesetzlosen Zustande der Wilden hinaus zu gehen und in einen Völkerbund zu treten; wo jeder, auch der kleinste Staat seine Sicherheit und Rechte nicht von eigener Macht, oder eigener rechtlichen Beurteilung, sondern allein von diesem großen Völkerbunde (Foedus Amphictyonum), von einer vereinigten Macht und von der Entscheidung nach Gesetzen des vereinigten Willens erwarten könnte. So schwärmerisch diese Idee auch zu sein scheint und als eine solche an einem Abbé von St. Pierre oder Rousseau verlacht worden (vielleicht, weil sie solche in der Ausführung zu nahe glaubten): so ist es doch der unvermeidliche Ausgang der Not, worein sich Menschen einander versetzen, die die Staaten zu eben der Entschließung (so schwer es ihnen auch eingeht) zwingen muß, wozu der wilde Mensch eben so ungern gezwungen ward, nämlich: seine brutale Freiheit aufzugeben und in einer gesetzmäßigen Verfassung Ruhe und Sicherheit zu suchen. – Alle Kriege sind demnach so viel Versuche (zwar nicht in der Absicht der Menschen, aber doch in der Absicht der Natur), neue Verhältnisse der Staaten zu Stande zu bringen und durch Zerstörung, wenigstens Zerstückelung aller neue Körper zu bilden, die sich aber wieder entweder in sich selbst oder neben einander nicht erhalten können und daher neue, ähnliche Revolutionen erleiden müssen; bis endlich einmal teils durch die bestmögliche Anordnung der bürgerlichen Verfassung innerlich, teils durch eine gemeinschaftliche Verabredung und Gesetzgebung äußerlich ein Zustand errichtet wird, der, einem bürgerlichen gemeinen Wesen ähnlich, so wie ein Automat sich selbst erhalten kann.

Ob man es nun von einem epikurischen Zusammenlauf wirkender Ursachen erwarten solle, daß die Staaten, so wie die kleinen Stäubchen der Materie durch ihren ungefähren Zusammenstoß allerlei Bildungen versuchen, die durch neuen Anstoß wieder zerstört werden, bis endlich einmal von ungefähr eine solche Bildung gelingt, die sich in ihrer Form erhalten kann (ein Glückszufall, der sich wohl schwerlich jemals zutragen wird!); oder ob man vielmehr annehmen solle, die Natur verfolge hier einen regelmäßigen Gang, unsere Gattung von der unteren Stufe der Tierheit an allmählig bis zur höchsten Stufe der Menschheit und zwar durch eigene, obzwar dem Menschen abgedrungene Kunst zu führen, und entwickele in dieser scheinbarlich wilden Anordnung ganz regelmäßig jene ursprünglichen Anlagen; oder ob man lieber will, daß aus allen diesen Wirkungen und Gegenwirkungen der Menschen im Großen überall nichts, wenigstens nichts Kluges herauskomme, daß es bleiben werde, wie es von jeher gewesen ist, und man daher nicht voraus sagen könne, ob nicht die Zwietracht, die unserer Gattung so natürlich ist, am Ende für uns eine Hölle von Übeln in einem noch so gesitteten Zustande vorbereitete, indem sie vielleicht diesen Zustand selbst und alle bisherigen Fortschritte in der Kultur durch barbarische Verwüstung wieder vernichten werde (ein Schicksal, wofür man unter der Regierung der blinden Ungefährs nicht stehen kann, mit welcher gesetzlose Freiheit in der Tat einerlei ist, wenn man ihr nicht einen insgeheim an Weisheit geknüpften Leitfaden der Natur unterlegt!), das läuft ungefähr auf die Frage hinaus: ob es wohl vernünftig sei, Zweckmäßigkeit der Naturanstalt in Teilen und doch Zwecklosigkeit im Ganzen anzunehmen. Was also der zwecklose Zustand der Wilden tat, daß er nämlich alle Naturanlagen in unserer Gattung zurück hielt, aber endlich durch die Übel, worin er diese versetzte, sie nötigte, aus diesen Zustande hinaus und in eine bürgerliche Verfassung zu treten, in welcher alle jene Keime entwickelt werden können, das tut auch die barbarische Freiheit der schon gestifteten Staaten, nämlich: daß durch die Verwendung aller Kräfte der gemeinen Wesen auf Rüstungen gegen einander, durch die Verwüstungen, die der Krieg anrichtet, noch mehr aber durch die Notwendigkeit sich beständig in Bereitschaft dazu zu erhalten zwar die völlige Entwicklung der Naturanlagen in ihrem Fortgange gehemmt wird, dagegen aber auch die Übel, die daraus entspringen, unsere Gattung nötigen, zu dem an sich heilsamen Widerstande vieler Staaten neben einander, der aus ihrer Freiheit entspringt, ein Gesetz des Gleichgewichts auszufinden und eine vereinigte Gewalt, die demselben Nachdruck gibt, mithin einen weltbürgerlichen Zustand der öffentlichen Staatssicherheit einzuführen, der nicht ohne alle Gefahr sei, damit die Kräfte der Menschheit nicht einschlafen, aber doch auch nicht ohne ein Prinzip der Gleichheit ihrer wechselseitigen Wirkung und Gegenwirkung, damit sie einander nicht zerstören. Ehe dieser letzte Schritt (nämlich die Staatenverbindung) geschehen, also fast nur auf der Hälfte ihrer Ausbildung, erduldet die menschliche Natur die härtesten Übel unter dem betrüglichen Anschein äußerer Wohlfahrt; und Rousseau hatte so Unrecht nicht, wenn er den Zustand der Wilden vorzog, so bald man nämlich diese letzte Stufe, die unsere Gattung noch zu ersteigen hat, wegläßt. Wir sind im hohen Grade durch Kunst und Wissenschaft kultiviert. Wir sind zivilisiert bis zum Überlästigen zu allerlei gesellschaftlicher Artigkeit und Anständigkeit. Aber uns schon für moralisiert zu halten, daran fehlt noch sehr viel. Denn die Idee der Moralität gehört noch zur Kultur; der Gebrauch dieser Idee aber, welcher nur auf das Sittenähnliche in der Ehrliebe und der äußeren Anständigkeit hinausläuft, macht bloß die Zivilisierung aus. So lange aber Staaten alle ihre Kräfte auf ihre eiteln und gewaltsamen Erweiterungsabsichten verwenden und so die langsame Bemühung der inneren Bildung der Denkungsart ihrer Bürger unaufhörlich hemmen, ihnen selbst auch alle Unterstützung in dieser Absicht entziehen, ist nichts von dieser Art zu erwarten: weil dazu eine lange innere Bearbeitung jedes gemeinen Wesens zur Bildung seiner Bürger erfordert wird. Alles Gute aber, das nicht auf moralisch-gute Gesinnung gepropft ist, ist nichts als lauter Schein und schimmerndes Elend. In diesem Zustande wird wohl das menschliche Geschlecht verbleiben, bis es sich auf die Art, wie ich gesagt habe, aus dem chaotischen Zustande seiner Staatsverhältnisse herausgearbeitet haben wird.

Achter Satz

Man kann die Geschichte der Menschengattung im Großen als die Vollziehung eines verborgenen Plans der Natur ansehen, um eine innerlich- und zu diesem Zwecke auch äußerlich-vollkommene Staatsverfassung zu Stande zu bringen, als den einzigen Zustand, in welchem sie alle ihre Anlagen in der Menschheit völlig entwickeln kann. Der Satz ist eine Folgerung aus dem vorigen. Man sieht: die Philosophie könne auch ihren Chiliasmus haben; aber einen solchen, zu dessen

Herbeiführung ihre Idee, obgleich nur sehr von weitem, selbst beförderlich werden kann, der also nichts weniger als schwärmerisch ist. Es kommt nur darauf an, ob die Erfahrung etwas von einem solchen Gange der Naturabsicht entdecke. Ich sage: etwas Weniges; denn dieser Kreislauf scheint so lange Zeit zu erfordern, bis er sich schließt, daß man aus dem kleinen Teil, den die Menschheit in dieser Absicht zurückgelegt hat, nur eben so unsicher die Gestalt ihrer Bahn und das Verhältniß der Teile zum Ganzen bestimmen kann, als aus allen bisherigen Himmelsbeobachtungen den Lauf, den unsere Sonne samt dem ganzen Heere ihrer Trabanten im großen Fixsternsystem nimmt; obgleich doch aus dem allgemeinen Grunde der systematischen Verfassung des Weltbaues und aus dem Wenigen, was man beobachtet hat, zuverlässig genug, um auf die Wirklichkeit eines solchen Kreislaufs zu schließen. Indessen bringt es die menschliche Natur so mit sich: selbst in Ansehung der allerentferntesten Epoche, die unsere Gattung treffen soll, nicht gleichgültig zu sein, wenn sie nur mit Sicherheit erwartet werden kann. Vornehmlich kann es in unserem Falle um desto weniger geschehen, da es scheint, wir könnten durch unsere eigene vernünftige Veranstaltung diesen für unsere Nachkommen so erfreulichen Zeitpunkt schneller herbeiführen. Um deswillen werden uns selbst die schwachen Spuren der Annäherung desselben sehr wichtig. Jetzt sind die Staaten schon in einem so künstlichen Verhältnisse gegen einander, daß keiner in der inneren Kultur nachlassen kann, ohne gegen die andern an Macht und Einfluß zu verlieren; also ist, wo nicht der Fortschritt, dennoch die Erhaltung dieses Zwecks der Natur selbst durch die ehrsüchtigen Absichten derselben ziemlich gesichert. Ferner: bürgerliche Freiheit kann jetzt auch nicht sehr wohl angetastet werden, ohne den Nachteil davon in allen Gewerben, vornehmlich dem Handel, dadurch aber auch die Abnahme der

Kräfte des Staats im äußeren Verhältnisse zu fühlen. Diese Freiheit geht aber allmählig weiter. Wenn man den Bürger hindert, seine Wohlfahrt auf alle ihm selbst belibiege Art, die nur mit der Freiheit anderer zusammen bestehen kann, zu suchen: so hemmt man die Lebhaftigkeit des durchgängigen Betriebs und hiemit wiederum die Kräfte des Ganzen. Daher wird die persönliche Einschränkung in seinem Thun und Lassen immer mehr aufgehoben, die allgemeine Freiheit der Religion nachgegeben; und so entspringt allmählich mit unterlaufendem Wahne und Grillen Aufklärung, als ein großes Gut, welches das menschliche Geschlecht sogar von der selbstsüchtigen Vergrößerungsabsicht seiner Beherrscher ziehen muß, wenn sie nur ihren eigenen Vorteil verstehen. Diese Aufklärung aber und mit ihr auch ein gewisser Herzensanteil, den der aufgeklärte Mensch am Guten, das er vollkommen begreift, zu nehmen nicht vermeiden kann, muß nach und nach bis zu den Thronen hinauf gehen und selbst auf ihre Regierungsgrundsätze Einfluß haben. Obgleich z. B. unsere Weltregierer zu öffentlichen Erziehungsanstalten und überhaupt zu allem, was das Weltbeste betrifft, für jetzt kein Geld übrig haben, weil alles auf den künftigen Krieg schon zum Voraus verrechnet ist: so werden sie doch ihren eigenen Vorteil darin finden, die obzwar schwachen und langsamen eigenen Bemühungen ihres Volkes in diesem Stücke wenigstens nicht zu hindern. Endlich wird selbst der Krieg allmählig nicht allein ein so künstliches, im Ausgange von beiden Seiten so unsicheres, sondern auch durch die Nachwehen, die der Staat in einer immer anwachsenden Schuldenlast (einer neuen Erfindung) fühlt, deren Tilgung unabsehlich wird, ein so bedenkliches Unternehmen, dabei der Einfluß, den jede Staatserschütterung in unserem durch seine Gewerbe so sehr verketteten Weltteil auf alle anderen Staaten tut, so merklich: daß sich diese, durch ihre eigene Gefahr gedrungen, obgleich ohne gesetzliches Ansehen, zu Schiedsrichtern anbieten und so alles von weitem zu einem künftigen großen Staatskörper anschikken, wovon die Vorwelt kein Beispiel aufzuzeigen hat. Obgleich dieser Staatskörper für jetzt nur noch sehr im rohen Entwurfe dasteht, so fängt sich dennoch gleichsam schon ein Gefühl in allen Gliedern, deren jedem an der Erhaltung des Ganzen gelegen ist, an zu regen; und dieses giebt Hoffnung, daß nach manchen Revolutionen der Umbildung endlich das, was die Natur zur höchsten Absicht hat, ein allgemeiner weltbürgerlicher Zustand, als der Schoß, worin alle ursprünglichen Anlagen der Menschengattung entwickelt werden, dereinst einmal zu Stande kommen werde.

Neunter Satz

Ein philosophischer Versuch, die allgemeine Weltgeschichte nach einen Plane der Natur, der auf die vollkommene bürgerliche Vereinigung in der Menschengattung abziele, zu bearbeiten, muß als möglich und selbst für diese Naturabsicht beförderlich angesehen werden. Es ist zwar ein befremdlicher und dem Anscheine nach ungereimter Anschlag, nach einer Idee, wie der Weltlauf gehen müßte, wenn er gewissen vernünftigen Zwekken angemessen sein sollte, eine Geschichte abfassen zu wollen; es scheint, in einer solchen Absicht könnte nur ein Roman zu Stande kommen. Wenn man indessen annehmen darf: daß die Natur selbst im Spiele der menschlichen Freiheit nicht ohne Plan und Endabsicht verfahre, so könnte diese Idee doch wohl brauchbar werden; und ob wir gleich zu kurzsichtig sind, den geheimen Mechanism ihrer Veranstaltung zu durchschauen, so dürfte diese Idee uns doch zum Leitfaden dienen, ein sonst planloses Aggregat menschlicher Handlungen wenigstens im

Großen als ein System darzustellen. Denn wenn man von der griechischen Geschichte – als derjenigen, wodurch uns jede andere ältere oder gleichzeitige aufbehalten worden, wenigstens beglaubigt werden muß[1] – anhebt; wenn man derselben Einfluß auf die Bildung und Mißbildung des Staatskörpers des römischen Volks, das den griechischen Staat verschlang, und des letzteren Einfluß auf die Barbaren, die jenen wiederum zerstörten, bis auf unsere Zeit verfolgt; dabei aber die Staatengeschichte anderer Völker, so wie deren Kenntniß durch eben diese aufgeklärten Nationen allmählig zu uns gelangt ist, episodisch hinzutut: so wird man einen regelmäßigen Gang der Verbesserung der Staatsverfassung in unserem Weltteile (der wahrscheinlicher Weise allen anderen dereinst Gesetze geben wird) entdecken. Indem man ferner allenthalben nur auf die bürgerliche Verfassung und deren Gesetze und auf das Staatsverhältnis Acht hat, in so fern beide durch das Gute, welches sie enthielten, eine Zeitlang dazu dienten, Völker (mit ihnen auch Künste und Wissenschaften) empor zu heben und zu verherrlichen, durch das Fehlerhafte aber, das ihnen anhing, sie wiederum zu stürzen, so doch, daß immer ein Keim der Aufklärung übrig blieb, der, durch jede Revolution mehr entwickelt, eine folgende noch höhere Stufe der Verbesserung vorbereitete: so wird sich, wie ich glaube, ein Leitfaden entdecken, der nicht bloß zur Erklärung des so verworrenen Spiels mensch-

---

[1] Nur ein gelehrtes Publikum, das von seinem Anfänge an bis zu uns ununterbrochen fortgedauert hat, kann die alte Geschichte beglaubigen. Über dasselbe hinaus ist alles terra incognita; und die Geschichte der Völker, die außer demselben lebten, kann nur von der Zeit angefangen werden, da sie darin eintraten. Dies geschah mit dem jüdischen Volk zur Zeit der Ptolemäer, durch die griechische Bibelübersetzung, ohne welche man ihren isolierten Nachrichten wenig Glauben beimessen würde. Von da (wenn dieser Anfang vorerst gehörig ausgemittelt worden) kann man aufwärts ihren Erzählungen nachgehen. Und so mit allen übrigen Völkern. Das erste Blatt im Thukydides (sagt Hume) ist der einzige Anfang aller wahren Geschichte.

licher Dinge, oder zur politischen Wahrsagerkunst künftiger Staatsveränderungen dienen kann (ein Nutzen, den man schon sonst aus der Geschichte der Menschen, wenn man sie gleich als unzusammenhängende Wirkung einer regellosen Freiheit ansah, gezogen hat!); sondern es wird (was man, ohne einen Naturplan vorauszusetzen, nicht mit Grunde hoffen kann) eine tröstende Aussicht in die Zukunft eröffnet werden, in welcher die Menschengattung in weiter Ferne vorgestellt wird, wie sie sich endlich doch zu dem Zustande empor arbeitet, in welchem alle Keime, die die Natur in sie legte, völlig können entwickelt und ihre Bestimmung hier auf Erden kann erfüllt werden. Eine solche Rechtfertigung der Natur – oder besser der Vorsehung – ist kein unwichtiger Bewegungsgrund, einen besonderen Gesichtspunkt der Weltbetrachtung zu wählen. Denn was hilft's, die Herrlichkeit und Weisheit der Schöpfung im vernunftlosen Naturreiche zu preisen und der Betrachtung zu empfehlen, wenn der Teil des großen Schauplatzes der obersten Weisheit, der von allem diesem den Zweck enthält, – die Geschichte des menschlichen Geschlechts – ein unaufhörlicher Einwurf dagegen bleiben soll, dessen Anblick uns nötigt unsere Augen von ihm mit Unwillen wegzuwenden und, indem wir verzweifeln jemals darin eine vollendete vernünftige Absicht anzutreffen, uns dahin bringt, sie nur in einer andern Welt zu hoffen?

Daß ich mit dieser Idee einer Weltgeschichte, die gewissermaßen einen Leitfaden a priori hat, die Bearbeitung der eigentlichen bloß empirisch abgefaßten Historie verdrängen wollte: wäre Mißdeutung meiner Absicht; es ist nur ein Gedanke von dem, was ein philosophischer Kopf (der übrigens sehr geschichtskundig sein müßte) noch aus einem anderen Standpunkte versuchen könnte. Überdem muß die sonst rühmliche Umständlichkeit, mit der man jetzt die Geschichte seiner

Zeit abfaßt, doch einen jeden natürlicher Weise auf die Bedenklichkeit bringen: wie es unsere späten Nachkommen anfangen werden, die Last von Geschichte, die wir ihnen nach einigen Jahrhunderten hinterlassen möchten, zu fassen. Ohne Zweifel werden sie die der ältesten Zeit, von der ihnen die Urkunden längst erloschen sein dürften, nur aus dem Gesichtspunkte dessen, was sie interessiert, nämlich desjenigen, was Völker und Regierungen in weltbürgerlicher Absicht geleistet oder geschadet haben, schätzen. Hierauf aber Rücksicht zu nehmen, imgleichen auf die Ehrbegierde der Staatsoberhäupter sowohl als ihrer Diener, um sie auf das einzige Mittel zu richten, das ihr rühmliches Andenken auf die späteste Zeit bringen kann: das kann noch überdem einen kleinen Bewegungsgrund zum Versuche einer solchen philosophischen Geschichte abgeben.

KLASSIKER DER PHILOSOPHIE

Marc Aurel
Selbstbetrachtungen
Übersetzt und eingeleitet von Otto Kiefer
164 Seiten, Gebunden mit Schutzumschlag
ISBN 978-3-924963-24-8

George Berkeley
Abhandlung über die Prinzipien der menschlichen Erkenntnis
Aus dem Englischen übersetzt von Friedrich Ueberweg
192 Seiten, Hardcover mit Schutzumschlag
ISBN 978-3-946619-27-7

Sigmund Freud
Das Unbehagen in der Kultur
100 Seiten, Hardcover mit Schutzumschlag
ISBN 978-3-946619-15-4

David Hume
Eine Untersuchung über den menschlichen Verstand
Aus dem Englischen übersetzt von Raoul Richter
244 Seiten, Hardcover mit Schutzumschlag
ISBN 978-3-946619-20-8

David Hume
Dialoge über natürliche Religion
Über Selbstmord und Unsterblichkeit der Seele
Aus dem Englischen übersetzt von Friedrich Paulsen
196 Seiten, Hardcover mit Schutzumschlag
ISBN 978-3-946619-21-5

Kein reprografischer Nachdruck. Alle Texte wurden neu gesetzt, durchgesehen und teilweise verbessert.
www.boerverlag.de